戦国時代の大誤解

鈴木眞哉

PHP文庫

○本表紙図柄＝ロゼッタ・ストーン（大英博物館蔵）
○本表紙デザイン＋紋章＝上田晃郷

まえがき

文部科学省のお役人や一部の学識者の方たちは、歴史は教科書で学ぶものだと考えておられるようだが、現実は違う。私の知るかぎり、むかしもいまも歴史教科書が国民の歴史への関心を高めたとか、歴史常識を豊かにしたなどということは、まずありえない。ことに、最近のような物語性も何もない、無味乾燥《むみかんそう》の見本のような教科書ではなおさらである。

戦前の人たちは、たいてい講談の類《たぐい》から歴史知識を得ていたように思われる。寄席《よせ》やラジオ放送などで耳から仕入れることもあったろうが、多くは速記本などを通じて仕込んでいたのだろう。講談の影響はずいぶん長く続いたが、その延長線上にあるような時代小説、歴史読み物の類も、しだいに大きな力を発揮するようになる。

そうした傾向は、戦後もずっと続いていた。豊臣秀吉は、むかしから大衆的人気のあった人物だが、近年まで多くの人が抱いていた秀吉像は、吉川英治さんが『新書太閤記』で描いたそれだったはずである。それでも秀吉は、いまでも教科書で大きく扱われているが、たった一カ所くらいしか名前の出てこない坂本龍馬が超有名人となっているのは、学校教育とはまったく関係がない。これは明らかに司馬遼太郎さんの『竜馬がゆく』のおかげである。

もっとも、近ごろは活字離れが進んできて、本を通じて歴史にふれる機会は、漫画本を別にすれば、かなり減ってきたようである。代わって出てきたのが、テレビドラマや映画などの影響だろう。だが、これらはたいてい既存の小説などを踏まえてつくられているのだから、これまでの基調が変わったわけではない。むしろ、そういうものが視覚化されることで、受け入れられやすくなったということである。

そういうなかでも、テレビドラマ、ことにNHKの大河ドラマの果たしている役割は大きい。そのことは視聴率の動向を眺めただけでも想像がつく。大河ドラマには、当然のことながら、教科書には欠けている物語性がある。また、教科書には絶対に出てこないような人物や事件が大きく扱われるというおもしろさもある。山本勘助《かんすけ》や土方歳三《ひじかたとしぞう》は、教科書では、まずお目にかからない人物だし、巌流島《がんりゅうじま》の決闘などというのも、出てきたためしはない。

ということで、一般の方々が大河ドラマを通じて歴史にふれ、興味をもってくださるのは、たいへんけっこうなことだと思うが、困ったこともある。もっとも大きいのは、大河ドラマに描かれたようなことが、すべて正しい歴史であるかのように受け取られてしまう傾向である。

ＮＨＫが《峠の群像》を流していたころ、そこに出てきた石野七郎次の系図を知りたいと、ある史料機関に問い合わせてきた人がいるという。その機関の担当者が、あれは架空の人物ではないかと答えたところ、ＮＨＫが架空の人物など出すはずがないと真顔《まがお》で反論されたという。時代考証家の稲垣史生さんが書かれていた話だが、これはいささか極端な例であるとしても、それに近いことは、いくらもありそうである。

そういうことになるのは、視聴者側に、史実とフィクションの区別がつかない方が多いからだが、つくり手の側にも相当の責任がある。ドラマであるから、フィクションの部分があるのは当然であるし、なかったらおもしろいものにならない。だが、つくる側ではフィクションと史実を区別していたとしても、ＮＨＫ様の言われることは、なんでも信じてしまう人がいる以上、混同は招かないようにすべきだろう。

よく民放ドラマなどに、「このドラマは、フィクションです。実在の団体とは関係がありません」といった字幕が出ることがある。ＮＨＫも、いっそのこと、「このドラマは、あらましフィクションです。実在の豊臣秀吉とは、必ずしも関係がありません」くらいのお断りを入れたらどうかと思っていたが、最近「このドラマは史実を基にしたフィクションです」というお断りを入れた例がある。それはそれでけっこうなことだが、実写を入れたりしてまぎらわしいことをやっていることは変わらないようである。

こうしたこと以上に困るのは、原作者を含めて、しばしば、つくる側にも史実とフィクションの区別がついていない場合があることである。当事者が事実と創作の違いを認識していたとしても問題があるのだから、はじめからそれを混同していたら、どうなるか。確信犯的に、とんでもない〈歴史〉を流布《るふ》させる結果となる。

そういうようなことを踏まえて、大河ドラマに描かれたような歴史のかなりの部分はフィクションであって、必ずしも真実の歴史ではないということを言うために書いたのが、この本である。といっても、個々のドラマ、個々の場面を逐一とらえて、あの台詞《せりふ》はおかしい、この衣装はどんなものかといった、いわゆる時代考証を試みようというものではない。

もう少し距離をとって、それらに登場する人物、取り上げられている事件、しばしば現れる場面などを概観し、チェックしてみようとしたものである。ということで、大河ドラマそのものの見直しというよりも、大河ドラマに典型的にあらわれているような歴史のとらえ方、扱い方を見直したというほうが当たっているかもしれない。対象として戦国時代を中心としたのは、大河ドラマの舞台となることが多いのがこの時代であるのと、私もおもにそのあたりを調べているからである。

戦国時代の大誤解

目次

まえがき

第一章——怪しい人たち

第二章――歪められたヒーローたち

第三章――ウソっぱちの名場面

第四章——おかしな風景

第五章――不思議な合戦シーン

第一章 怪しい人たち

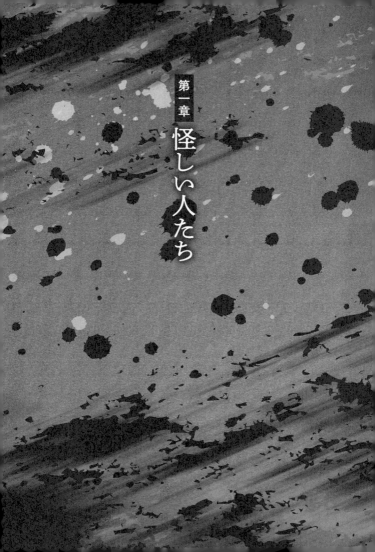

1――存在が怪しい人

テレビドラマには創作された人物が、いくらも出てくる。宮本武蔵もののヒロインお通さんなどが、その典型である。彼女を実在の人物だと信じている視聴者は、まずいないと思うが、冒頭に取り上げた《峠の群像》のようなケースもあるから、そうでもないかもしれない。しかし、ここで取り上げるのは、そういう人たちではない。一応、実在の人物として扱われているが、ほんとうに存在したのかどうかが疑われているような人物である。

典型的な例としては、甲斐武田家の軍師・山本勘助（勘介とも書く）がいる。この人は、大河ドラマで主役を張るのは遅くて第四六作の《風林火山《ふうりんかざん》》が最初だが、民放ドラマや映画の『風林火山』では、とっくに主人公として扱われている。

勘助は、むかしから有名人で、彼のことを詠《よ》んだ江戸の川柳などもたくさんあるし、「山勘《やまかん》」という言葉も、山本勘助の略だと言われている。勘助がこんなに知られていたのは、軍記や講談のおかげだが、そもそもは江戸時代に武田信玄の遺法を伝えたと称する甲州流（武田流）の軍学がはやったことによるものである。

この流派は軍学の走りであるだけでなく、そこからまた多くの流派が生まれるなど、たいそうな勢いであった。歴代の将軍様も、そうした系統の軍学を学んだし、諸藩でも多く採用された。勘助は、その甲州流の実質上の流祖のようなものであるから、有名になったのは当然である。この流派のテクスト『甲陽軍鑑《こうようぐんかん》』で、そこに勘助の事績が書かれている。

それによると、彼は三河（愛知県）の出身で、諸国の情勢に明るく、築城術などに長《た》けていたが、色が黒く隻眼《せきがん》で、戦傷のため手足も不自由という風采《ふうさい》の上がらない男であった。そのため、仕官を望んだ駿河（静岡県）の今川家では相手にされなかったのを、その才能を買った武田信玄に召し抱えられた。それが天文十二年（一五四三）のことで、以来、信玄のために知恵をしぼったが、永禄四年（一五六一）、信州（長野県）川中島の合戦で討死した。

江戸時代以降に現れた軍記や講談は、すべてこの線をなぞっている。彼を主人公に据えた井上靖さんの『風林火山』は小説だから、いろいろ趣向を凝《こ》らしてはいるが、勘助の容姿・風貌やその最期については、ほとんど『甲陽軍鑑』に即して書いている。それほど有名になった勘助だが、その実像は、江戸時代からずっと疑われていた。それはなぜかというと、元になった『甲陽軍鑑』が怪しい本だとされていたからである。元禄九年（一六九六）に肥前平戸の殿様・松浦鎮信《まつらしげのぶ》が編んだ「武功雑記」という本があるが、そこには山本勘助というのは、信玄の部将・山縣昌景《やまがたまさかげ》の下にいた歩卒《ほそつ》だったとある。

そんな人間が超有名人になれたのは、鎮信に言わせると、勘助の息子で僧侶になった者が『甲陽軍鑑』をでっちあげ、そこで自分の親のことを大々的に持ち上げたからだという。そのとおりなら、「山本勘助」という名前の人間はいたとしても、信玄の重臣でも軍師でもなく、足軽に毛が生えた程度の取るにも足らない存在だったことになる。じつは、この「武功雑記」の記事自体が矛盾に満ちているのだが、明治以後になって文科大学（東京帝国大学の前身）の先生たちがこれを肯定的に取り上げた。在野の歴史家などで反論した人もいるが、なんといっても官学の権威は大きく、勘助といえば伝説の人物という見方が定着した。

その影響は大河ドラマにもおよんでいて、《天と地と》には、山本勘助は登場しなかった。原作者の海音寺潮五郎さんが、勘助は名もない雑卒《ざっそつ》にすぎなかったという説に立っていたからである。もっとも、同じ原作を踏まえた映画では、かなり重要な脇役として登場していた。

その勘助の〈名誉回復〉が図られたのは、皮肉にも、この《天と地と》の放映が機縁になって、一通の古文書が見つかったからである。信玄から信濃の豪族・市河《いちかわ》氏に宛てたその書状には、使者として「山本菅助」を差し向けたことが明記されていた。「菅助」と「勘助」は同一と見てよいだろうし、他国の豪族のところに派遣されるほどの者であれば、信玄の側近にいた然《しか》るべき身分の者であったことは間違いない。

これでメデタシメデタシと言いたいところだが、この山本菅助が『甲陽軍鑑』に描かれたような軍師的存在だったかどうかまでは保証の限りではない。だいたい、参謀長のような意味での軍師というポストは、この時代にはなかった。そもそも軍師という言葉そのものがわが国では使われておらず、『甲陽軍鑑』だって勘助をそう呼んではいない。勘助を「軍師」にしてしまったのは、享保六年（一七二）に初演された近松門左衛門の戯曲が最初だそうである。

存在の怪しい軍師というなら、武田の山本勘助ほど有名ではないが、上杉家の宇佐美駿河守《うさみするがのかみ》もいる。《天と地と》などには、重要な脇役として出てくるから、ご記憶の方も多いだろうが、こちらも「北越軍記」などといった軍記本から出てきた人物である。

もっとも、「宇佐美駿河守」という名前の人物が存在したことは確かであるが、べつに軍師とかなんとかいうタイプではなく、通常の武将であった。この人の名前だけ拝借して、幻の大軍師が創出されたということになる。歴史学者の高橋修さんによると、そういう工作をしたのは、紀州徳川家に仕えていた大関定祐という軍学者だろうという。

定祐は宇佐美の子孫と称していたが、それは怪しい。この家には古文書がたくさん伝わっているが、ひと目で偽物とわかるようなものばかりである。その男が駿河守を大々的に持ち上げ、上杉謙信の遺法だという軍学をいわば創出したわけだが、これは定祐個人の思い立ちではなく、紀州徳川家の思惑があったと高橋さんは言っている。徳川宗家が信玄の遺法を担《かつ》いでいるのに対抗するために、謙信を持ち出したらしいというのである。

存在が怪しい人物としては、《黄金の日日》の主人公・呂宋助左衛門《るそんすけざえもん》などもあげられる。和泉堺（大阪府堺市）の商人で、呂宋（フィリピン）に渡って海外貿易でたいへんな利益を上げ、文禄三年（一五九四）、豊臣秀吉にいろいろ珍しい物を献上したという。この話は、小瀬甫庵《おぜほあん》の『太閤記』にも載っているが、名前は助左衛門ではなく「助右衛門」とある。

名字は「菜屋《なや》」としているが、これは「納屋」の当て字だろうと言われる。納屋というのは倉庫のことだから、それなら〈倉庫持ちの商人〉というだけのことで、名字でもなんでもない。「当代記」というかなり信頼性の高い史料には「るすん（呂宋）へ渡る商人」とあるだけで、固有名詞など書いていない。当時の状況からすれば、呂宋相手に商売する者がいても不思議はないが、それがだれであるかなどということは不明なのである。

2——出自が怪しい人

大河ドラマの主役や主役クラスとなった戦国武将たちの先祖がどうであったかなどと言い出したら、怪しい連中ばかりである。系図が信用できるのは毛利元就と武田信玄くらいのものだろう。毛利家は、源頼朝を補佐した大江広元の末裔《まつえい》、信玄も清和源氏の源義光からずっと続く家柄に属している。上杉謙信なども、そう悪いほうではないが、もともとは長尾氏で、上杉の名字は、元の主家からもらったものである。

たいていの家は、あとになって系図をでっちあげた口である。《利家とまつ》の主役・前田利家の四男で三代目加賀藩主となった利常が、あるとき江戸城中《じょう》で、お宅はどういう御家系ですかと聞かれたことがある。利常は、父の利家が小身《しん》から成り上がったことは、みなさんご承知のとおりで、先祖のことなどさっぱりわかりません、学者の林道春《どうしゅん》(羅山)に頼んであるから、そのうち適当に書いてくれるでしょうと、涼《すず》しい顔で答えたという。

前田家は、その後、「天神様」こと菅原道真の末裔であるという立派な系図をつくった。もちろん、学問的な根拠などはない。たまたま、この家では梅鉢《うめばち》の紋所を用いていたので、梅なら天神様だろうという連想を働かせて、そういうことにしてしまったらしい。

《功名が辻》の山内一豊《やまうちかつとよ》の家も、藤原鎌足公を遠祖とし、鎮守府将軍・藤原秀郷《ひでさと》から一豊にいたるごたいそうな系図をつくっている。ところがこの系図、鎌倉時代の途中から、中間の何代かがスッポリ抜けている。一豊の何代か前からまた始まるのだが、祖父の名前すら明らかでない。こんなものを信用しろというほうが無理である。

頭のほうは由緒正しい名家名門の系図を借用し、中途のところは〝わからなくなっちゃった〟と言って飛ばして、近い先祖のところからまた始めるというのは、偽系図づくりの初歩的なやり口である。そのような例はいくらもある。

系図をごまかすことでは、天下人たちも、ずいぶん苦労している。織田信長の先祖は、もともと越前（福井県）の神官だったと言われ、「忌部《いんべ》」という氏族に属していたらしい。信長は、それでは幅《はば》がきかないと思ったのだろう。若いころから藤原氏と称していた。それでも足りなかったのか、「桓武《かんむ》平氏」つまり桓武天皇の後胤《こういん》である平家の系統だと言い出した。その後、この家では、平清盛の孫・平資盛《すけもり》に始まるたいそうな系図を創作している。

それでも信長は、尾張（愛知県）でかなりの勢力をもっていた家に生まれたから、まだごまかしやすい。これが豊臣秀吉となると悲惨である。同じ尾張の名もない農民の倅《せがれ》であるくらいのことは、だれでも知っている。海外では在世中から、あれは薩摩（鹿児島県）出身の卑《いや》しい者だとか、日本へ流れていった中国人だとかいう噂まであった。

それで関白近衛《このえ》（藤原）前久《さきひさ》にコネをつけて、藤原氏ということにしたが、どうも落ち着きが悪かったと見える。そのため「豊臣」という新しい氏族名を興《おこ》して、そこに収まった。さらに、自分はじつは天皇の御落胤《ごらくいん》であるという、臆面《おくめん》もない自己宣伝までやってのけた。

徳川家康は、三河の松平家の出ということになっているが、この家は、もともと賀茂《かも》氏であろうという。家康は、それを藤原氏と改め、さらに清和源氏と称するようになったというのが、これまでの通説であった。しかし、近年の研究では、祖父《じい》さんの代あたりから、そろそろ源氏への〈乗り換え〉を図っていたようだという。

家康は、その路線を積極的に推し進め、たまたま上野《こうずけ》（群馬県）の新田一族に「得川」という家があったのを幸い、名字も松平から「徳川」と改めた。かくして清和源氏新田流徳川家というものが誕生した。もっとも、徳川を名乗れたのは、彼の一族でもいわゆる御三家などごく一部だけで、そのほかは、ずっと松平と言っていたことは、ご承知のとおりである。

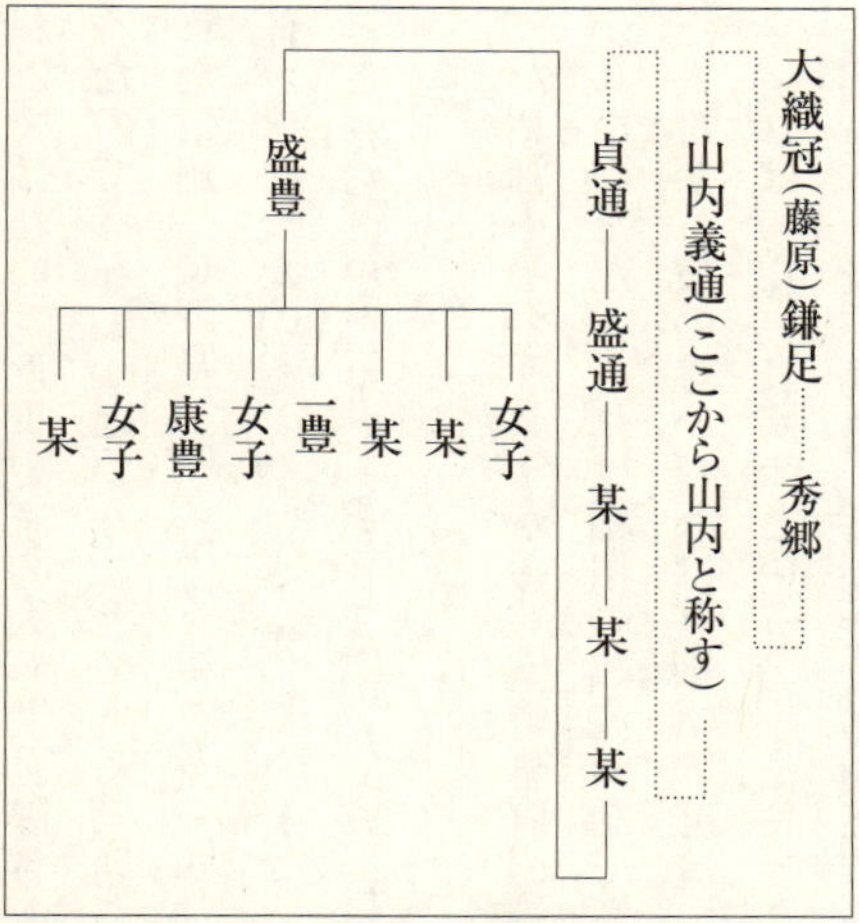

山内家の系図（『寛永諸家系図伝』などより作成）

ついでにいうと、この松平という家は、家康が出世したおかげで、相応の名家だったように受け取られがちだが、そういうわけではない。近世史家の大石慎三郎さんによると、先祖は山賊みたいなものだったのではないかということである。さらにいうならば《真田丸》で取り上げられた信州（長野県）の真田家なども、同じようなものだそうだ。家康と真田家の仲が悪かったのも、〈お里〉が似ていたことと多少関係があるのかもしれない。

これらは出自をごまかした例だが、買いかぶられている例もある。細川幽斎《ゆうさい》（藤孝）などが、その適例《かんれい》で、専門家はともかく、一般の人は勘違いしているようだ。細川という名字から、室町幕府の管領だった家に属していたように思われがちなのだが、それは細川の嫡流《ちゃくりゅう》の話である。幽斎は、養子として細川家に入った人だが、彼の継いだ家は、細川の庶流《しょりゅう》であって、管領家との関係は薄い。本人も、しばらく「長岡」という名字を使っていた。

幽斎本人は、あまり嫡流家（管領となった家）にこだわる気分はなかったようだが、子孫は、そうもいかなかったようである。江戸後期に幕府に提出した系図を見ると、細川勝元だの政元だのといった歴史ファンにはおなじみの歴代管領の名前がずらずら出てきて、うっかり眺めていると、だまされそうな〈仕掛け〉になっている。

明智光秀なども、いまだに名門の出のように考えられることが多い。彼は、本能寺の変の直前に愛宕山《あたごさん》の連歌《れんが》の席で「ときは今あめが下知る五月哉《さつきかな》」と詠んだ。その「とき」は光秀の出自である美濃（岐阜県）の土岐源氏の意味であるとし、その人間が天下を取ることを宣言したものだという解釈が広く通用している。しかし、光秀の出自については、いまもって結論らしいものは出ておらず、そもそも土岐氏の人間であったかどうかすらも明らかではない。これでは名門もなにもあったものではない。

3——経歴が怪しい人

一般に伝えられてきた経歴が、じつは怪しかったという例は、けっこうたくさんある。大物では、まず北条早雲《ほうじょうそううん》がいる。早雲は、大河ドラマでは、なぜかあまり取り上げられないが、戦国時代の幕を開いたともいえる人物である。

この人の出自や経歴は、江戸時代からいろいろ取り沙汰《とざた》されていて、極端なものでは、伊勢（三重県）から乞食をして駿河（静岡県）へやってきた人間だという説まであった。明治以後の学者は、さすがに、そこまでひどいことは言わなかったが、伊勢出身の素浪人《すろうにん》上がりというのが、これまでの多数説というようなものであった。

しかし、近年の研究では、名門伊勢氏の一族で備中（岡山県）に本領があったが、本人は京都で生まれ育って、室町幕府で相応の役職にも就いていた人だということになってきた。一八〇度とまではいえないが、従来の〈歴史常識〉は、大きく転換を迫られたことになる。なお、「北条早雲」という名前をもった人物は、実際には存在しなかった。そのことは、次に取り上げる。

経歴が怪しい人の極めつきは、《国盗り物語》の斎藤道三《どうさん》（利政）だろう。道三が油売りをしながら、都から美濃（岐阜県）に流れてきて、ついに一国を奪ってしまうという話は、江戸時代からよく知られていた。原作者の司馬遼太郎さんも、その点にはなんの疑いも抱かれることなく、長編に仕立てられたわけである。

ところが、地元で研究が進められるうちに、道三は油など売っていないということがわかってきた。彼の〈国盗り〉も、一代だけの事業ではなく、父親と二代

妙覚寺

がかりであったことが明らかになった。じつは、こうしたことを書いた文献も江戸時代からあったのだが、なぜか注目されることがなかった。近年、それを裏づける確かな古文書などが見つかって、だんだん動かせない事実となったのである。

道三は、油商人になる前は、京都妙覚寺《みょうかくじ》（日蓮宗）の坊主だったと言われるが、発見された史料によると、それは父親のことだった。この人が還《げん》俗《ぞく》して西村新左衛門尉と称し、のちに美濃の有力者・長井家に取り入って、その名字をもらったのだという。「老人雑話」という古い史料にも、道三は

「山崎の油商の子」だとあるから、油を売ったとすれば、父親のほうである。

経歴が怪しいといえば、信長に仕える以前の豊臣秀吉などもそうである。少年時代に蜂須賀小六《はちすかころく》の手下になって盗賊を働いたとか、いろいろ言われているが、本人が認めているのは、遠江《とおとうみ》（静岡県）で今川家に属していた松下家に奉公したことがあるということだけである。

もっとも、これに対しては、『改正三河後風土記』がクレームをつけている。そのころの秀吉は、与介という名前で泥鰌《どじょう》を売って歩いていたのであって、それを隠したいばかりに、武家奉公したようなことを言い立てたのだというのである。これは徳川十一代家斉《いえなり》将軍の命令でつくられた書物だから、そこまで辛辣《しんらつ》なことを言ったのだろうが、秀吉が三河あたりで泥鰌を獲っていたという話は、ほかの本にも出てくる。

しかし、史料から見るかぎり、彼が松下家に仕えていたことは事実のようである。また、当時の秀吉が土地の人たちに〈泥鰌売りの与介〉として記憶されていたとしても、だから松下家に仕えていないという理屈にはならない。これは両立できる話なのである。

大河ドラマが意図的に間違った経歴をつくってしまうこともある。《国盗り物語》の斎藤道三などもそうだが、これは原作に忠実にやったまでだという言い訳が成り立つ。ひどいのは脚本の段階で、勝手気ままな創作をやることである。《北条時宗》では、時宗が行ったはずもない対馬《つしま》まで出かけたくらいは序の口で、兄の時輔《ときすけ》がモンゴルへ渡ったという設定になっていた。これなどは、いくらなんでもという話である。

かつて歴史学者の方たちが集《つど》って、歴史ドラマの問題点を論じたことがあって、そのなかでも、《北条時宗》のそうした問題が取り上げられていた。その座談会では、広い意味での経歴といえる人の生死について、いいかげんな扱いをしている例が目立つという指摘もあったが、これもはなはだ困りものである。

信長の奥方の最期などが、その典型的な例で、彼女は本能寺で夫婦共働きのチャンバラをやって死ぬというのが、一つのパターンのようになっている。《功名が辻》でも、ちゃんと〈踏襲《とうしゅう》〉されていたが、これは明らかにウソである。ドラマとはいえ、実在のよく知られた人物を勝手に殺されてはたまらないが、民放ではもっとひどいのがあって、明智光秀が仕えていた将軍足利義昭を鉄砲で撃ち殺してしまうというのがあった。もちろん、根も葉もないデタラメで、義昭のほうが光秀より長く生きていたことはいうまでもない。

4――名前が怪しい人

間違いなく存在してはいるが、そういう名前の人物はいなかったという例がいくつかある。先ほどふれた北条早雲なども、その一人である。仮にタイムマシンなどというものができたとして、〝北条早雲さんはいらっしゃいますか〟と訪ねていったとしても、言われたほうは、本人を含めて、それがだれなのか見当もつかないだろう。

近年の研究では、名字は「伊勢」、通称は「新九郎」、頭を剃《そ》ってから「宗瑞《そうずい》」と名乗ったことがわかっている。また「早雲」というのは庵号であることもわかっている。だから、「伊勢宗瑞」とか「早雲庵宗瑞」と呼ぶのが正しいことになる。なお、名字を「北条」と称するようになったのは、息子の氏綱の代になってからのことである。

大河ドラマでは第五五作の《真田丸》で初めて主役を張ったが、むかしの講談から近年のテレビドラマ、映画まで、きわめて出番の多い真田幸村なども、同じ口である。幸村という名前は、どうやら江戸時代の軍記がはやらせてしまったものらしく、確かな史料によれば、彼は「信繁《のぶしげ》」という名であった。ところが、「幸村」があまり有名になりすぎてしまったものだから、のちには真田家の関係者までが、それに引きずられて、彼は幸村とも称したのだと主張するようになった。

《真田丸》ではどうするのだろうと思っていたら、「信繁」を採用した。ただ、最終のところで、自ら幸村を名乗ったことにして俗説と折り合っていた。

司馬遼太郎さんの『尻啖え孫市《しりくらえまごいち》』の主人公で、大河ドラマでも重要な脇役で登場したことのある「雑賀孫市《さいかまごいち》」なども、この部類である。モデルとなったのは、現在の和歌山市の一角を本拠としていた「鈴木孫一重秀《しげひで》」という土豪である。これは本人が自署しているところだから間違いないし、彼が雑賀という名字を称したという事実もない。

なぜ、それが間違えられたかというと、世間が〈雑賀の孫一〉と呼んだことがあるからしいが、これは本名・石渡助五郎を〈飯岡の助五郎〉と呼ぶのと同じことである。さらに孫一重秀の直系の子孫ではないが、その系統の者で、江戸時代になってから「雑賀孫市」と正式に名乗った者がいたため、それがさかのぼって使われたようで、ますますややこしいことになった。

これらはほんとうの名前はわかっているのに、違った名前が通用している例だが、これとは逆に、実在の人物であることは間違いないが、名前がわからないという例も、いくらもある。それを小説やドラマに登場させるためには、どうしても名前をつけざるをえない。

たとえば、宮本武蔵ものでは欠かすことのできない脇役である、鎖鎌《くさりがま》使いの宍戸《しし》梅軒《どばいけん》などがそれである。「二天記」という史料には、「宍戸何某」としてしか出てこないこの人物に、「梅軒」という名前をつけたのは、吉川英治さんであろう。

このように男でも名前のわからない人は、いくらもいるが、女性はなおさらである。系図などでは、たんに「女子」とだけしか書いていない場合も多いし、その人の立場を説明する場合でも「だれそれの女（むすめ）」「だれそれの妻」「だれそれの母」などと書いてあるのがふつうである。

織田信長の奥方は、よく知られているとおり斎藤道三の娘であるが、この家の系図では、「織田信長室」とだけ書かれている。だからほんとうは、何という名前だったのかはわからない。そういうと、小説やドラマの世界では、「濃姫」とか「帰蝶《きちょう》」とか言っているではないかとお叱りを受けるかもしれない。たとえば、《功名が辻》では、配役表に「濃（帰蝶）」と示し、ドラマのなかのご本人も、しきりに「ノウ、ノウ」とおっしゃっていた。

帰蝶は、江戸時代にできた「美濃国諸旧記」というものに出てくる名前だが、確かな裏づけがあるわけではない。濃姫にいたっては、本名も通称もわからないから、美濃から来たお姫様だったという意味で、後世の学者などが、やむをえずそう呼んだまでらしい。したがって、ドラマとして、どうしても名前をつけなければならないなら、「帰蝶」はまだしも許容範囲にあるといえるが、「濃」などという命名法は、絶対にありえない。

ついでにいうと、信長の側室として生駒《いこま》家の娘「吉野（吉乃）」という女性が近ごろ、小説やドラマによく登場する。この人が実在したことは間違いないが、「吉野」という名前は、偽書の疑いの強いきわめて危ない文献にあるだけで、なんの根拠もあるものではない。

《おんな太閤記》では、秀吉の異父妹の名前を作家が創作したものを史実と勘違いした脚本家が使おうとしてもめたことがある。幸いにしてガイドブックに出た段階で〈発覚〉したので、本放送では差し替えられた。

それにしても、名前のわからない人に名前をつけるのは、けっこうたいへんらしい。上杉謙信に母親がいたのは当然だが、越後栖吉《すよし》の長尾家の女性だったという以上のことはわかっていない。ところが、上杉謙信を主人公とする『天と地と』では、「袈裟《けさ》」という名前で出てくる。原作者の海音寺潮五郎さんが「筆後敬白（あとがき）」で言われているところでは、佐渡おけさから思いついて命名されたのだそうである。

5——風貌が怪しい人

歴史上の人物のイメージというのは、その人の「見かけ」と分かちがたく結びついていることが多い。といっても、容姿・風貌がまったくわからない著名人もいる。「御成敗式目《ごせいばいしきもく》」で有名な北条泰時などは、なんの手がかりも残っていないし、父親の義時も同様である。義時は、《草燃える》のヒロイン北条政子の弟として、けっこう重要な役回りだった。

こういうのはどうしようもないが、たいていは肖像画などが残っているし、幕末以降の人なら写真が存在する場合も少なくない。その結果、織田信長といえば、面長《おもなが》で口髭《くちひげ》をたくわえ、立派な鼻をした人というイメージがまず浮かぶだろう。土方歳三の人気は、髪をオールバックにして洋式の軍装で腰掛けている例の写真と無関係ではないはずだ。

こういう具合に、みなさんの頭に染み込んだイメージが、じつは違っていたということになったらどうだろう。たとえば、本物の信長は、寸詰《すんづ》まりの丸顔、ペチャ鼻で髭なんか生やしていなかったということになったら、ちょっとしたパニックではあるまいか。

幸い信長の場合には、いまのところそういうことは起きていないが、それがあったのが武田信玄である。これまで信玄といえば、よく肥えた丸顔で眼光鋭く、八の字髭をたくわえた風貌がトレードマークのようなものだった。信玄を描いた絵画、各地にある銅像なども、すべてこれに倣《なら》っているし、映画やテレビドラマの信玄役も、そうしたイメージに沿うようなメーキャップをしようとすることが多い。黒澤明監督の『影武者』の主役が、当初、勝新太郎さんに決まったのも、〈本物〉の信玄によく似ているという理由からだった。

こうした信玄のイメージは、高野山成慶院《せいけいいいん》にある肖像画によってつくられたものである。甲州市にある信玄の銅像も、この肖像画にもとづいている。歴史関係の本や事典でおなじみの、あの画像の主がほんとうに信玄であるという、確かな裏づけがあったわけではない。それはわかっていなかったわけではないのだが、長いあいだ学界を含めて、信玄像ということで通用していた。〝あれは信玄ではない〟とはっきり言う人がいなかったからである。

織田信長像（長興寺［豊田市］蔵）

ところが、近年になって異論が現れ

[上]甲州市にある武田信玄像
[下]伝・吉良頼康像(某寺院蔵)

た。最初に異を唱えたのは藤本正行さんである。藤本さんは、さまざまな根拠をあげて、あれが信玄であるはずはないということを、ほぼ完全に証明された。描かれているのは、能登の畠山家の人間であろうという。

藤本説に対しては、反論を出した人もいるが、非信玄説をひっくり返せるだけの主張にはなっていない。もちろん、あれは信玄だという証明もできているわけではない。そうなると、本物の信玄は、どういう顔をしていたのかが気になってくるが、藤本さんは、某寺院にある吉良頼康《きらよりやす》の像というものが、じつは信玄像ではないかとしている。

ほかに同じ高野山の持明院《じみょういん》にある画像がそれだと言った人もいる。これは信玄が信玄という名になる前のものだから武田晴信像と呼ばれる。どちらであるにしても、これまでの信玄のイメージは、まったく崩れてしまうことは間違いない。ただ、偶然そうなったのだろうが、第七作《天と地と》や第二六作《武田信玄》で信玄役を勤めた俳優は成慶院蔵の画像にはあまり似ていなくて、視聴者のなかには違和感を抱いた向きもいたらしいのに持明院蔵の画像には似ていた。

戦国時代の人ではないが、大河ドラマおなじみの大物で、信玄と同じようなこ

中尊寺義経堂の源義経像

伝・源頼朝像（神護寺蔵）

とになっているのが源頼朝と足利尊氏である。頼朝については、京都神護寺《じんごじ》にある像がそれだというので、教科書や事典にも載っていた。以前から疑問もなかったわけではないが、はっきりあれは違うということを米倉迪夫さんが主張し、近ごろは、「伝・源頼朝像」などとされることも多くなった。米倉説では、あの画像の主は、足利尊氏の弟・直義《ただよし》だろうという。

その尊氏については、黒馬にまたがり、乱髪で大太刀を担いだ騎馬像がイメージをつくってきた。しかし、この画像に対しても、藤本正行さんが〝あれは高師直《こうのもろなお》ではないか〟と言うなど、何人もの人から疑問が出ている。それで「足利尊氏像」とは言わずに、たんに「騎馬武者像」などと書かれることも多くなった。米倉迪夫さんは、京都神護寺で平重盛像と言われてきたものが、じつは、尊氏像ではないかと言っている。

これらは実物がよくわからないから、それとは違うイメージが通用してしまったものだが、それとは反対の事例もある。源義経などは、色白だが小柄で反《そ》っ歯《ぱ》の風采の上がらない男だということは『平家物語』のむかしからわかっていた。それにもかかわらず、華やかな美男子だったというイメージが江戸の歌舞伎の世界から連綿と続いている。そうなると視聴者や観客の期待は裏切れないから、映画にしろ、テレビドラマにしろ、必ず二枚目俳優に演じさせざるをえない。

女性についても似たようなことはある。《春日局》の主人公・お福さんなどは、どう考えたって美女のビの字もない人だが、大河ドラマで取り上げる以上、リアリズムに徹するわけにはいかない。それで美人女優に演じさせることになる。《花の乱》の日野富子なども、やや似たようなところがあって、残された坐像より何割も女っぷりが上がっていた。

6――年齢が怪しい人

大河ドラマの主役のなかには生没年ことに生年がはっきりしない人がかなりいる。豊臣秀吉、山内一豊などもその口で諸説ある。それでもドラマの構成に差しつかえることはなさそうだが、時には問題になることもある。

《真田丸》は天正十年（一五八二）の武田家滅亡から話が始まるが、その時点で主人公の真田信繁（幸村）は十五歳（数え年。以下同じ）、兄の信幸は一歳上の十六歳ということになる。そんな少年たちがドラマのなかではあれこれ計略をめぐらしたり、勇ましくチャンバラをやったりするのだが、ちょっとどうかなという感じがしないでもなかった。

それでも、そのくらいの年齢の者が大人たちに立ち交じって働いた例もないではないから、一概に否定はできないが、じつは信繁十五歳というのは、彼が四十九歳で戦死したという説にしたがって逆算したものである。真田家の菩提寺の過去帳には四十六歳で死んだと明記されているから、それにしたがえば天正十年時点では十二歳ということになって、とてもあんな活躍はできない。

死没時の年齢が疑われている例はほかにもある。明智光秀は一般に五十五歳で死んだとされているが、これには確たる根拠があるわけではなく、五十七歳という説もあるし、最近では六十七歳説も有力になりつつある。大河第五九作の《麒麟がくる》がそのあたりをどう扱うのか興味のあるところである。

大河ドラマに出てきたことはないが、北条早雲（伊勢宗瑞）などにも、同様の問題がある。彼は六十近くなってから本格的に活動を始めて、八十八歳まで元気に働き続けたというのが通説だったが、黒田基樹さんの研究では二回りくらい年齢が引き下げられるのではないかということになってきた。

登場人物の年齢でつまずいた例は、《天地人》でもあった。真田幸村（信繁）の妹という女性がけっこう大事な役どころで出てくるのだが、幸村の年齢から考えると十歳未満になってしまう。そんな子どもに大事な仕事ができるのかというクレームが視聴者からついた。慌てたＮＨＫは、ドラマの途中から、妹ではなく姉だったと設定を改めるという前代未聞の事態になった。

原作では、幸村の姉ということになっているのだし、もともと架空の人物で、その活動もありそうもないお話なのだから、どうでもよさそうなものなのに、なんでわざわざ妹とする脚本をつくったのかよくわからない。

ところで、信繁や光秀、早雲などのケースは、本当の年齢がわからないから起きるものだが、実際にはわかっているのにドラマのなかでは違う設定がされてしまうという例も多々ある。

たとえば、真田信繁の父親昌幸は、《真田丸》の始まった時点では三十七歳だったから、まだ壮年である。奥方の年は不明だが、それほどかけ離れてはいなかっただろう。だが、ドラマでは二人ともかなりの年配者のようになっていた。

この類の話はいくらもあって、《龍馬伝》に出てくる土佐藩主の山内容堂（豊信）なども相当な老人のような演出をされていたが、実際には主人公の坂本龍馬とは八歳しか違わないのである。

こういうことが次々と出てくるのは、演ずる俳優の年齢とも関係しているのかもしれない。一般に大河ドラマでは演ずる俳優のほうが演じられる人物より高年齢である傾向が強い。《功名が辻》の主要な登場人物を素材にチェックした人がいるが、二十歳から三十歳くらいの開きがあったという。そういう配役をする理由はいろいろあるのだろうが、視聴者を惑わすことになるのは間違いない。

7――性別が怪しい人

演劇の世界では、男性が女性の役を演ずることは珍しくない。その逆もあって、大河ドラマでも男性役を女優さんが演じた例があるが、ここでいうのはそういうことではなく、女性のつもりで取り上げたら男性だったというケースである。

第五六作《おんな城主直虎》がそれで、遠江（静岡県西部）井伊谷の領主だった井伊家の娘が主人公である。彼女は出家して「次郎法師」と名乗っていたが、家督を継ぐべき人間が死に絶えてしまったため、還俗《げんぞく》して「直虎」と名乗り、家を背負って立ったという物語である。

これに対して、井伊家の関係者からクレームがついた。「次郎法師」も「直虎」もたしかに実在した人物であるが、同一人物ではなく、「直虎」と名乗ったのは明らかに男性だったというのである。詳しいことは省略するが、史料の性質などから見ると、どうもそちらの説のほうが正しいようである。

その一方、「直虎」が女性だったことを積極的に証明できるような史料は見つかっていない。ただ、「次郎法師」も一時期、城主であったことは事実であるらしいから、「おんな城主」であったことに偽りはなく、これと「直虎」をつなげなければ、別に問題はない。

しかし、NHKはそう言ってもいられなかったらしく、ドラマはあくまでもフィクションなのだから、視聴者に楽しんでいただければよろしいのだと開き直った。だれかが言ったように、〝おとこ城主直虎〟になってしまっては、視聴率が期待できないからだろう。お蔭で、実在ではあるが性別が怪しい人物が登場するという珍しいケースとなった。

8――性格が怪しい人

大河ドラマの主人公はもちろん、主人公側に立つ人間は、まず例外なく、正しい人、善い人ということになっている。文学の世界では、ピカレスク・ノベルなどといって、悪党を主人公にしたものがあり、映画や演劇の世界でも、ときにそういうものを見かけるが、大河ドラマには、まずそういったものはない。

斎藤道三を主人公とした《国盗り物語》などは、そうなってもよかったのかもしれないが、そうはならなかった。お茶の間向けのドラマでは、そういう冒険はできないのだろう。原作者の司馬遼太郎さんも、道三の行動を新しい時代に即応した〈正義〉の表れと見ていたようだから、なおさらである。

とはいえ、主人公や主人公側の人間を、清く正しいものとしておくためには、当然のことながら、けっこう無理をしなければならない。あることないこと、都合のよい話を並べ立てなければならないし、逆に、都合の悪い事実は、適当につくりかえたり、〈ほおかぶり〉ですます必要が出てくる。かつて時代考証家の稲垣史生さんは、《黄金の日日》で石川五右衛門が善人になっていると呆れていたが、極端な場合には、そういうことも起きる。

主人公側の人間なら、泥棒だって善人にしてしまう反面、主人公に敵対するような者は、実際には、けっこう立派な人であっても、好意的には扱えない。こうして、実在のそれとは、ずいぶんキャラクターの違う登場人物が次々と生み出されることになる。そういう例は、ここでは逐一取り上げきれないので、次の章などでもふれることとしたい。

主人公をとことん持ち上げて、敵にまわった人間はこきおろすというやり方は、案外、むかしの講談の伝統を引いているのかもしれない。『太閤記』の例でいうと、主人公の秀吉は、終始、明朗闊達《めいろうかったつ》、誠実で度量のある人物とされるが、彼に敵対した人間、たとえば柴田勝家などは、この上もなく傲岸不遜《ごうがんふそん》な意地悪人間なのである。

石田三成のようにややこしい例もある。明治以後、徳川家康は「狸親父《たぬきおやじ》」ということで、講談や大衆小説では、一種の敵役《かたきやく》扱いだった。しかし、その家康ととことん争った三成も、好意的には扱われなかった。その名残は大河ドラマなどにもあるようで《軍師官兵衛》にも、その片鱗《へんりん》が見られた。

こうしたところは、NHKも案外古風にやっておられるようだ。視聴者のほうも、むかしの人たちが講談から歴史を学んだのと似たような感覚で大河ドラマを見ている場合が少なくないようだから、それも当然なのだろう。一部の民放ドラマなどのように、あからさまな勧善懲悪《かんぜんちょうあく》劇などにしていないだけ、まだマシなのかもしれない。

こういうこととは逆に、現代的な感覚を取り入れすぎて、おかしくなっている場合もある。さきにふれたように、歴史学者の方たちが歴史ドラマの問題点を指摘されたとき、その一つに、〝平和のために戦う〟という筋立てが多いのが目立つということがあった。そのため〈平和主義者〉徳川家康が出てきてしまったりするのである。

また、主人公たちをやたらに現代風の家庭人のように仕立てているという指摘もあったが、そうした傾向は、その後も連綿と続いている。これも今日的な見方を反映しているのかもしれないが、その時代の社会のあり方や、当時の人たちの価値観を無視したキャラクターづくりをされてはたまらない。

そうかと思えば、まったくの演出上の必要から、実像とは違う性格設定をしてしまうこともあるようだ。たとえば《太平記》では、ネクラっぽい足利尊氏、お調子者の弟・直義というかたちで描いていたが、文献で見るかぎり、二人の性格は、これとほとんど正反対である。

こういう無茶なことができるのは、尊氏・直義兄弟のキャラクターについて、一般の視聴者がはっきりしたイメージをもっていないからである。もし一見、鈍《どん》重《じゅう》とも見える狸親父風の秀吉と、ちょこまかと要領よく立ちまわる家康という設定のドラマなどつくったら、たちまち視聴者の非難を浴びて、立ち往生したにちがいない。

9――評価が怪しい人

主人公を正義の人や善良な人間にしてしまい、逆らった者は悪く言うのも、評価の問題であるにはちがいないが、ここで言いたいのは、大河ドラマが取り上げるのは、おおむねエライ人だということだ。エライ人は、同時に有能な人でもある。

といっても、毛利元就と織田信長では、同じ戦国人とはいっても、エライなり、有能なりの方向性がかなり違うし、信長と宮本武蔵では、まったく違う。それでも共通しているのは、この人たちは、なんらかの意味で成功した人であるということ、その道においては能力を発揮した人と見られているということだ。逆にいえば、失敗した人は、まずエライ人とは見てもらえず、したがってまた、有能な人とも見てもらえないということでもある。

まあ、大河ドラマというものの性格からすれば、それはそれでよろしいのかもしれない。だが、成功した人はエライとか、成功したのは有能だったからだとかいう評価の仕方は怪しいということだけは、視聴者の方々にも確認しておいていただきたい気がする。

この点について、『近世日本国民史』という織田信長に始まる厖大《ぼうだい》な歴史書を書いた徳富蘇峰《とくとみそほう》さんがおもしろいことを言っている。結果を見てから議論を立てれば、とかく成功者はエラく見えるし、失敗者はつまらなく見えるが、それでは公平な史眼とは言えないというのだ。だから、幸運とか不運とかの要素を取り除いたうえで、その人の実際の価値を鑑別しなければいけないという主張である。

まことに、ごもっともだが、その蘇峰先生本人も、明智光秀などについては、ずいぶん不公平な見方をしているのだから世話はない。

それはともかく、歴史家・歴史学者は、だいたいにおいて結果論者である。だから、成功者ことに天下を取ったような人には、すこぶる点が甘くなる。おまけに、この人たちには、ツキだの僥倖《ぎょうこう》だので、歴史を語りたがらない傾向がある。そのため、成功した人間は、みな本人が有能だったからだということになってしまう。

もちろん現実には、そういうことはない。源頼朝や足利尊氏の場合には、もともと天下取りのために有利な〈足場〉があり、上手に担がれているうちに、めぐり合わせよく天下人になってしまった傾きが強い。うまく担がれるのも才能のうちにはちがいないが、ほんとうに有能だった人間は、担いだ側にいた。たとえば、尊氏の成功は、大河ドラマではおっちょこちょいみたいに描かれた弟・直義の思慮深さと実行力によるところが大きい。

織田信長や豊臣秀吉の場合には、たしかに固有の才能が認められるが、彼らの成功に占める才能の割合がツキの割合を上回っていたかどうかは微妙である。江戸時代の学者のなかには、秀吉の天下取りなんて、知恵というより、ツキの産物じゃないかと言った人が何人もいる。そういうことを言うなら、この人たちが「東照神君《とうしょうしんくん》」などと持ち上げた徳川家康のほうがもっとひどい。家康の成功から、ツキ分を除いてしまったら何が残るだろうか。

蘇峰さんの言葉ではないが、成功した人間については、結果からこじつけて、何とでも言えるから、いくらでも褒めることができる。逆に失敗した人間については、別の意味で何とでも言えるから、ここが駄目だった、あそこが悪かったと、ボロクソにやられることになる。明智光秀、柴田勝家、石田三成などが、むかしもいまもあまりよく言われないのは、そのためである。

これに対しては、大河ドラマだって失敗した人間、挫折した人間を扱っているではないかという声がありそうだ。たしかに一見そう見える人たちが、けっこう主人公になっている。

第一作《花の生涯》の井伊直弼《いいなおすけ》などからしてそうだが、ドラマでは、彼は「開国」という大事業をやりとげたエライ人なのだ。《勝海舟》の主人公なども、たんなる敗者ではなく、尊王・佐幕の対立を乗り越えて、江戸を無血開城に導いたエライ人である。

海舟が成功したかどうかはともかく、有能な人だったことは認めてよい。しかし、直弼のほうは、きわめて問題のある人だった。それでもドラマの主人公に据えてしまった以上、立派な政治家のように仕立てなければならないのだから、蘇峰さんの主張の裏返しだ。

敗者をほんとうに敗者として扱ったものも、《義経》などわずかながらある。だが、源義経が取り上げられたのは、むかしながらの「判官贔屓《ほうがんびいき》」という感情に乗っかった結果である。だから、戦術家としては天才的だったが、政治的には、どうしようもないほど無能だったなどということは言わない。もっぱら〈悲劇の貴公子〉みたいな扱いになってしまう。ちなみに徳川家康は、義経に対する同情論を、それは年寄り・子どもの無責任な議論だと一蹴したことがある。

その家康の建てた幕府のために、最後まで戦った《新選組！》が取り上げられたのも、義経の場合と同じような理由によるものと思われる。たしかに、彼らは敗者だったにちがいないが、非常警察組織としては、かなり有効・有能だったことは認めてやるべきだろう。

10──文字どおり怪しい人

ここまで、いろいろな角度から怪しい人というのを見てきたが、文字どおり怪しいという人がいる。さしずめ戦国の三姦雄《かんゆう》などが、それにあたるだろう。これは北条早雲、斎藤道三、松永久秀《まつながひさひで》の三人のことだが、大河ドラマで大きく取り上げられたのは、道三だけである。

彼らが怪人物とされるのは、出自や経歴も定かでない人間が歴史の表舞台に出てきて、他人の国を奪ったり、主家を乗っ取ったりしたところにある。だが、こうした意外性も、彼らにつきまとっていた怪しげな雰囲気も、近年の研究でかなり薄れてしまった。

たとえば北条早雲こと伊勢宗瑞だが、氏素性も不明な素浪人上がりという、これまでの通説がひっくり返ってしまったことは、すでにふれたとおりである。また、この人の場合、きわめて高齢になっても働いていたことが〈怪人性〉を高めているところがあったが、既述のとおり、これも危うくなった。

《国盗り物語》の斎藤道三は、坊主上がりの油売りが、権謀術数《けんぼうじゅっすう》を尽くしたあげく、一国の主にのし上がったというところが、怪人の怪人たるゆえんとされていた。ところが、これもすでにふれたように、〈国盗り〉は親子二代がかりの事業だということが、はっきりしてしまった。道三自身は、油など売っていたわけではなく、もとから家中にいた重臣が主人を追い出したにすぎない。その程度の話ならいくらもあって、怪人というほどのものではない。

残るは、松永久秀だけである。時代小説などでは、けっこう大きく扱われているが、映画、テレビドラマでは、あまり重要な役割を与えられたことはないようだ。だが、出自、前歴、生年などが明らかでなく、かなりの年齢になってから歴史の表面に出てきて大きな存在になったという意味では、〈怪人性〉は十分である。

松永久秀は、三好長慶《みよしながよし》の家臣であった。長慶は、阿波の出身だが、これも下剋《げこく》上《じょう》の代表のような男で、一時、天下を押さえていた。ちなみに、このころ「天下」という言葉は、日本全国というよりも、京都周辺の日本の中心部を指すことが多かった。来日していた宣教師なども、そういう意味で、この言葉を使っていることが多い。

その長慶は、息子に死なれてから、心身ともに衰えてしまい、やがて病死するが、長慶の息子は久秀に毒殺されたのだという噂が、当時から絶えなかった。長慶の死後、久秀は三好党の者たちと組んで将軍・足利義輝を京都の邸に襲って殺している。こうして本人も「天下之執権《しっけん》」などと言われるようになったが、その後の道は平坦ではなかった。三好党の者たちや織田信長と、くっついたり背《そむ》いたりをくりかえしたあげく、信長と戦って滅ぼされた。

怪人物らしい逸話もいろいろ残しているが、歴史学者の今谷明さんのように、久秀は買いかぶられすぎているという意見もある。今谷さんに言わせると、久秀の弟・長頼のほうが三好家に仕えるのも早く、ずっと大きな仕事をしているというのである。あるいは、そうかもしれない。

大河ドラマに現れた実在の人物では、《国盗り物語》の雑賀孫市などに、やや怪人物的な雰囲気があったかもしれない。しかし、モデルは、すでにふれたように鈴木孫一重秀という土豪であって、格別、怪しい人間ではない。むしろ、彼の属した紀州雑賀衆こそ、多数の鉄砲をそろえて歴代の天下人に逆らったという意味では、〈怪集団〉であったといえる。

大河ドラマなどでは、大きく扱われたことはないが、家康の側近だった天海僧《てんかいそう》正《じょう》などは、間違いなく怪人物の名に値しそうである。この人は、百八歳まで生きたとされるが、出自もほんとうの年齢も明らかではない。実際には、奥州の蘆名《あしな》一族の人間らしいのだが、本人自身が、前半生についてはとぼけていたため、当時からいろいろと憶測された。明智光秀の後身だという説もあって、いまだにけっこう信じられている。

天海の怪しさは、武田信玄と上杉謙信の一騎打ちを、近くの山の上から見ていたなどと吹きまくっていたようなところにもある。川中島の戦場の近辺にそんな山はないから、山師《やまし》坊主の与太話だと戦前から冷笑されている。ところが、当の天海は、江戸城中で武田の旧臣がこの一騎打ちを話題にしたのを聞き咎《とが》め、おまえなど生まれる前のことを何がわかる、わしなどは、この目で見たのだと叱りつけたというのだから、ずうずうしい。

家康の遺言を勝手に拡大解釈して、いったん駿河の久能山に葬った家康の遺骸《いがい》を日光に改葬してしまったのも天海の仕業《しわざ》である。静岡の人たちには大迷惑だったが、栃木の人たちは、この怪物坊主のおかげで世界遺産が生まれたことに感謝すべきかもしれない。

第二章 歪められたヒーローたち

1 上杉謙信（一五三〇～一五七八）

大河ドラマでは、同じ人間でも、作品によって性格設定や評価が違ったりすることがあるが、上杉謙信については、あまりそういうことはなさそうだ。武田信玄が主役の作品であっても、謙信は悪いヤツだったとまでは言わないようである。

なにしろ謙信は、むかしから「義将」という看板を背負ってきた人である。それは私利私欲で戦争をしたことはなく、つねに他人に頼まれたからやったのだという見方によっている。たとえば武田信玄と長らく戦ったのは、信玄に信州を追い出された村上義清の頼みによるものだった。関東に何度も出兵したのも、小田原の北条家にしてやられた関東管領《かんとうかんれい》・上杉憲政《のりまさ》に泣きつかれたためである。憲政は、謙信の主筋にあたる人である。

その信玄との戦いにしても、汚い手は、いっさい使わなかったとされている。今川家と北条家が手を結んで、海のない武田領への塩の移出を止めたことがある。謙信は、そんなかたちで勝負するのは嫌だと言って、それに同調せず、逆に越後領の塩をたくさん送ってやったという。「敵に塩を送る」ということわざは、そこから出ている。

こういうカッコよい謙信像は、好敵手の信玄と対比した場合、ますます鮮明になる。作家の松本清張さんは、幼いころ読んだ絵本の印象として、子ども心にも謙信は勇ましく、信玄は小ずるく見えたと書いている。腹黒く計算高い謀将・信玄に対して、清廉無私《せいれんむし》で正義感にあふれた勇将・謙信というイメージは、いまだに大人たちのあいだにも共有されているはずである。

しかし、実在の謙信は、けっこうきわどいことをやっている。家督を奪うために兄を殺したという話は冤罪《えんざい》だが、姉婿《あねむこ》を疑って謀殺させたというの

上杉謙信像（林泉寺蔵）

は、真実のようである。領土の争いにしても、決して義侠心といったきれいごとだけで説明できるものではなく、信玄との戦いは、自存のためにもやらねばならないものだった。関東に出兵したり、越中（富山県）・能登（石川県）に向かったりしたのは、本人の野望と無関係ではない。

塩の問題にしても、今川・北条両家のように移出の規制をかけなかったのは事実だろうが、それ以上のものではないという冷めた見方もある。規制をかけたって民間ルートでは、いくらも流れただろうから、規制がなければなおさらで、越後の塩がより多く流入したまでのことだろうという。ただ、結果として武田領の人民が助かったのは事実である。

大人になってからの清張さんは、信玄の侵略的傾向ばかりが世間に目立っているが、謙信だって強欲に諸国を支配しようとしたことは変わらないではないかと批判している。そのとおりなのだが、信玄の場合、政治家的な要領のよさが裏目に出て、こすっからく見られるところがあり、そうした面で不器用な謙信は、誠実そうに見えるということはある。

謙信が勇猛な人であったことは間違いないが、同時に忘れてならないのは、この人、呆れるほどのパフォーマンス大好き人間だったということである。一例をあげると、永禄四年（一五六一）に小田原城を囲んだとき、白頭巾《しろずきん》姿で颯爽《さっそう》と馬を乗りまわしたあと、城の大手口に近い堀端《ほりばた》に腰を下ろした。城内から何度も鉄砲を撃ちかけてきて、弾丸が体をかすめることもあったが、謙信はびくともせず、弁当を使い、お茶を三杯飲んで立ち上がったという。

この種の話はほかにもあって、どこまで事実かはわからないが、謙信の性向を物語るものではある。武将が勇敢であるに越したことはないが、やる必要もない危ない真似をすることはない。そういうことをわざわざやってのけるのが謙信なのである。

川中島の合戦での振舞いも、その一つである。謙信が信玄に斬りつけたという点については、確かな裏づけがないが、みずから武器を手にして武田勢と接戦したことは間違いない。敵に斬り込まれて自分の身が危うくなったような場合はいざ知らず、一軍の総大将が槍や薙刀《なぎなた》を振りまわして敵と戦うなどということは、ほかの大将なら、そうそうやらないことだ。

2——山中鹿介(一五四五?~一五七八)

山中鹿介《やまなかしかのすけ》は、大河ドラマでは《軍師官兵衛》にかなり重要な役で顔を出したくらいだが、むかしから講談の世界では大立者《おおだてもの》だった。戦前は、小学校の国語の教科書に「三日月の影」と題して扱われていたから、年配の方ならご記憶であろう。いまでも、歴史ファンならば、たいてい知っている有名人である。なお、彼の名前は、「鹿之介」あるいは「鹿之助」とされていることが多いが、本人がはっきり「鹿介」と署名しているのだから、それに従うべきだろう。

ところで、なぜ鹿介が三日月かというと、彼は、いつも三日月に向かって〝われに七難八苦を与えたまえ〟と祈っていたからだと教科書にあるが、なんだか自虐奨励のようにも聞こえる。もっとも、地元の歴史学者・藤岡大拙さんによると、そんな話は明治時代にできたもので、元の話は、若いころ、三日月に祈って功名を立てたというものだったらしい。ちなみに、「三日月の影」を書いたのは、鹿介と同郷の文部省図書監修官の人だそうである。

鹿介の家は、出雲富田《いずもとだ》（月山《がっさん》）城（島根県安来市《やすぎし》）を本拠に山陰で大きな勢力を誇っていた尼子《あまご》家の重臣であった。しかし、鹿介が活躍を始めたころには、毛利家に押されて落ち目となっていて、永禄九年（一五六六）秋には、居城も開城せざるをえなくなった。当主の尼子義久と弟・倫久《ともひさ》、秀久の三人は、毛利の本国の安芸《あき》（広島県）に送られた。

鹿介も随従を望んだが許されず、出雲にもいられなくなったらしい。三年後の永禄十二年から、彼は尼子家再興の戦いを始める。その後、紆余《うよ》曲折《きょくせつ》はあったが、本人が毛利家の手で殺された天正六年（一五七八）まで約十年間、それは続いた。ここに後世の人たちは、主家の再興にかけた精忠無二の精神や不撓《ふとう》不屈《ふくつ》の闘争心を見て、大いに感動するわけである。

だが、よく考えてみると、この話は少しおかしいのだ。

尼子家再興というが、べつに尼子家の家名は絶えてしまったわけではない。安芸に送られた尼子義久兄弟は、厳重に監視されてはいたが、命を狙われるとか、虐待されるとかいうことはなく、安穏な日々を過ごしていた。後年のことになるが、幽閉を解かれて領地も与えられ、居館も構えている。子孫は「尼子」をやめて「佐々木」を名乗ったが、これはこの家が近江源氏佐々木氏の出であるところから、本来の名字に戻したまでのことである。

それだけでも家名再興のなんのという必要はないのだが、鹿介は、あえてそれを掲げて「尼子勝久」という人物を担ぎ出してきた。この人、じつは、尼子義久の父・晴久によって殺された一族・尼子誠久《まさひさ》の遺児であった。つまり、鹿介は、尼子宗家が反逆者として粛清《しゆくせい》した人間の息子を押し立てたのである。

鹿介は、この人を擁《よう》して毛利と戦ったが、途中で織田信長の後援を得ることとした。それでも山陰方面ではうまくいかなかったので、当時、中国方面を担当していた羽柴秀吉の下につけられるかたちとなった。こうして播磨《はりま》上月《こうづき》城（兵庫県佐用郡佐用町）を守ったのだが、最終的には、織田家にも見捨てられて、開城せざるをえなくなった。

このとき尼子勝久と尼子の旧臣何人かが切腹させられたが、鹿介にお咎《とが》めはなく、毛利家から知行を与えられるという約束で城を出た。そうして毛利輝元のところへ送られる途中、暗殺されてしまうのである。それが天正六年（一五七八）七月のことである。

毛利家が、いったん許した鹿介をなぜ殺したのかも謎だが、それ以上にわからないのは、なんで鹿介は主人を見捨てて降参したのかということである。本人が事前に勝久に説明したところでは、偽って降参して、恨み重なる吉川元春を刺殺するつもりだったのだという。元春は、毛利家の当主輝元の叔父でおもに山陰方面を担当していた。

たしかに、鹿介は命が惜しくて逃げ出したわけではないだろう。しかし、簡単に元春を刺せるものではないし、仮に成功したところで、それによって鹿介の掲げる尼子家再興が果たせるものではない。そもそも、〈旗印〉である勝久もいないではないか。まあ、ここまでくると破れかぶれだったのかもしれないが、ツジツマの合わない話なのである。

3――織田信長（一五三四～一五八二）

織田信長は、大河ドラマでは第三作の《太閤記》で颯爽と登場した。演じた役者の人気もあったのだろうが、本能寺で殺すなという〈助命嘆願〉まで出るカッコよさだった。その後、何度も主役、準主役で出てきたが、ずっと肯定的な描き方をされてきた。

ところが、《功名が辻》では、少し風向きが変わってきた。横暴で身勝手な人間ともとれるようなキャラクターになっていた。カッコよいどころか、嫌なヤツというイメージを抱いた人も少なくなかっただろう。これでは〈助命嘆願〉など、間違っても出るはずはない。

主人公をどのように設定するかとの関係で、そうなったのだろうが、NHKもけっこうご都合主義的だ。まあ、同じ人間でも、作品によって性格設定が変わったり、評価が違ったりするのを見ているのも、大河ドラマの楽しみ方の一つなのかもしれないが……。

いまさらNHKに言っていただくまでもなく、実在の信長は、問題の多い人だった。他人の背信行為はしつこく追及するが、自分は上から下まで裏切りのやり放題だった。そういうことは以前からわかっていたが、信長を持ち上げる人たちは、そういった信長の欠陥には、目をつぶることが多かった。少なくとも学校では、そんなことは教えない。

どうしても言わねばならないとなると、信長は、そうした欠陥を上回る優れたものをもっていたとか、大きな業績をあげているとかいうことにする。それが彼を擁護する人たちに共通するやり方である。理屈はそのとおりかもしれないが、信長擁護論者のあげる信長の長所や実績には、けっこう誤解や買いかぶりがある。その一方で、ほんとうの信長の才能や業績を見逃している傾きもある。

信長は無神論者だったなどというのも、誤解の例である。そう言って、信長の近代人性を強調したいのかもしれないが、これは宣教師のルイス・フロイスの書いたものを、いいかげんに解釈していることによる。フロイスは、信長の無神論的な言動は、禅宗の教えに従ったものだと明記しているのである。たしかに、禅宗にはそうした一面がある。

信長関係の史料を見れば容易にわかることだが、彼も自分に縁《ゆかり》のある神社などは大切にしているし、寺社に祈禱《きとう》を依頼したりもしている。安土《あづち》城内にもわざわざお寺を建てているが、フロイスによると、本人が神様となって拝まれるつもりだったのだという。これがほんとうなら、そんな無神論者がいるものではない。

信長の業績についても、間違った解釈が多い。たとえば教科書などでは、信長といえば合言葉のように「楽市・楽座令」が出てくる。たしかに、信長がそういうものを出したのは事実だが、べつに彼が創始したわけでもなんでもない。

軍事面でも信長の独創性・先進性が強調されることが多い。果敢な奇襲作戦を行った、いち早く鉄砲に注目して大量に使用した、そのための新戦術を開発した、鉄船をつくったといった類のことが、教科書や歴史事典にはいくらも出てくる。大河ドラマも、そうした視点に立って場面構成をしているようだが、いずれもあまり根拠のある話ではない。

そういうことについては、次の章などでふれるが、だいたい信長を大戦術家のように見るのが「贔屓《ひいき》の引き倒し」の部類なのである。信長の本領は、戦略家・政略家としての面にあった。そのことは、彼が大坂の本願寺と戦った石山合戦などを見れば明瞭である。

この戦いでは、戦略的な着眼はよかったが、戦術的には相手方にやられてしまうような場面がしばしばあった。それでも最終的に本願寺をねじ伏せてしまったのは、本願寺と同盟する勢力、これを支援する勢力を巧みに潰したり、押さえ込んだり、寝返らせたりした戦略的成功の結果である。仕上げは、天皇を担ぎ出しての勅命《ちよくめい》による講和というあっと驚くような政略で、これによって相手の面子《メンツ》も立てながら、決着をつけてしまった。

こうした戦略・政略の才能を正当に評価してやらないで、根拠もない鉄砲使用の新戦術だの、鉄船だのを褒めちぎるのは、ピンボケもいいところである。できもしない国語の成績を褒めてやって、できのよい算数の成績を無視しているようなものだ。

信長の業績で意外に見落とされているのが、聖俗分離ということだろう。近世史家の大石慎三郎さんは、信長が手荒いことをやって、宗教勢力を押さえ込んだことで、神仏の支配から人間が自立し、江戸時代になると人間的な文化の蓄積ができたのだと指摘し、これは従来、歴史家が取り上げなかったことだと言われた。

聖と俗の分離は、欧米諸国でも、まだ完全には行われていない。それが日本で実現したのは、信長の後世へのたいへんな贈り物だった。そのことは、たしか作家の塩野七生さんも、何かで強調されていたことがある。

信長は一向宗（浄土真宗本願寺派）をはじめ、天台宗、真言宗、法華宗（日蓮宗)などに手きびしい態度で臨んだが、それはこれらの勢力が俗世で力を奮っていることを嫌ったからである。一向宗との石山合戦については、本山のある大坂に目をつけた信長が、明け渡せと言ったのを断られたのが起こりだという説がある。それがほんとうだとすれば、別の場所に本山があったなら、騒ぎは起きなかったことになってしまうが、信長が問題にしたかったのは、宗派の〈あり方〉であって、本山の〈あり場所〉ではあるまい。

また信長は、これらの宗派の教義や信仰を問題にしたわけでもない。その証拠に、彼は個人個人の信仰については、ほとんど手を突っ込んだことがない。わずかに、北陸の一向宗徒に浄土真宗のほかの派に替われと言った例があるくらいで、それも徹底してやったわけではない。本願寺との戦争にしても、信長が阿弥《あみ》陀《だ》様を信じてはならないと言ったから始まったものではないのである。

4――明智光秀(?～一五八二)

明智光秀というと、学者を含めた多くの人たちに共通したイメージのようなものがある。それは、古典的な教養には富んでいるが、どこか線が細くお行儀のよい常識家であり、几帳面《きちょうめん》ではあるが融通《ゆうずう》のきかない人物だったというような見方である。まあ、ひと口にいえば、一般に通用している織田信長のイメージとは正反対ということである。

これは大河ドラマなどにも引き継がれているようで、これではじめから信長とソリが合うはずはないなという設定になっている。だから、映画やテレビドラマが光秀にあまり好意的でないつくり方をした場合には、いずれ裏切ることを予感させるようなネクラっぽい役どころになるし、多少、同情的につくった場合には、信長の無茶な仕打ちに耐えかねたマジメ人間が暴発してしまうというかたちとなる。

《麒麟《きりん》がくる》ではどうなるか知らないが、従来のこうした光秀像というのは、ほとんど根拠がない。光秀は、主君の信長、あるいはライバルである秀吉とは対照的な人間だったのではないかという思い込みがまずあって、それとは違うイメージをつくろうとしたまでであろう。また、光秀は名門の出であるように言われることも多いが、彼の出自が明らかでないことは、前の章でふれた。

光秀の人柄について、同時代人としてもっともくわしい証言を残したのは、宣教師のルイス・フロイスである。「裏切りや密会を好み、刑を科するに残酷で、独裁的でもあったが、己を偽装するのに抜け目がなく、戦争においては謀略を得意とし、忍耐力に富み、計略と策謀の達人であった。また築城のことに造詣《ぞうけい》が深く、優れた建築手腕の持ち主で、選り抜かれた戦いに熟練の士を使いこなしていた」とか「人を欺くために七二の方法を深く体得し」ていて、それで信長を瞞《まん》着《ちゃく》したのだとか『日本史』で書いている。

こうした光秀評は、その末路も承知したうえで悪意をこめて記しているから、こういう表現になっているが、そういう偏見を外して読みなおせば、また違う解釈になる。光秀というのは、一筋縄ではいかない、したたかで有能な戦国人らしい戦国人だったのである。これなら秀吉はもちろん、信長にだって優に対抗できるだろう。

やはり同時代人だった儒者で医者の江村専斎という人は、信長の子飼いの秀吉は、開けっぴろげで、人に対する言葉遣いなどもぞんざいだったが、途中採用の光秀は、いかにも謹直《きんちょく》で他人にも丁重だったと語り残している。通説的な光秀のイメージに即した証言のようだが、フロイスなら、それも己を偽装するのに抜け目がなかった証拠だと言うかもしれない。

じつは専斎も、仏のウソを方便といい、武士のウソを武略というが、それを思えば土民百姓なんてかわいいものだという光秀の言葉を伝え、「名言」だと評している。こんな割り切ったことを言える人が、たんなるマジメ人間だったはずがない。歴史学者の高柳光寿さんも、光秀が合理主義者だったことは明らかで、だから信長とウマが合って、あんなに出世したのだと言っている。高柳流にいえば、光秀は最終的には〈近畿管領《きんきかんれい》〉といった位置にいた。

信長が型破りな人間だったことは定評があるが、光秀も、あまり前例やしきたりにとらわれるタイプではなかったようだ。奥方が亡くなったとき、若いころから苦労をかけたので、せめて恩を報じたいと、みずから葬送の供をしたという話がある。光秀の妻が亡くなったという確証はないから、どこまでほんとうかはわからない。ただ、そういう話が伝わっているということは、光秀が世間の慣《なら》わしなどにこだわらない人だと考えられていたからだろう。

彼の居城のあった近江の寺に、戦死した部下一八人のために、米を施入《せにゅう》して供《く》養《よう》を依頼した文書が残されている。そういうことをするのは、戦国武将としては珍しいことだそうだが、もっと変わっているのは、一七人がれっきとした士分であるのに、一人は名字もない中間《ちゆうげん》（雑事に使役された下級の従者）であることだ。光秀は、この人のためにも同量の米を渡して、同じように供養を頼んでいる。今日の〈民主主義社会〉でも、表彰だの叙勲だのというと、地位・肩書きで差をつけるのは当たり前のようになっている。それを思えば、侍も中間もまったく同等に扱って平然（?）としていた光秀は、けっこうスゴイ人だったと言うべきだろう。

そんな光秀がなんで謀反など起こしたのかについては、むかしからいろいろな説があるが、ほんとうのところは本人に聞いてみなければわからない。ただ、彼には黒幕がいたとか、共謀者がいたとかいう説には、いずれも根拠がない。また、光秀は成算もなしに立ち上がったように言われることが多いが、当時の状況を見れば、必ずしも無謀な試みだったというわけではない。

領主としての光秀は、なかなか評判がよかったようだ。彼は近江の一部と丹波を所領としていたが、その丹波の福知山には、光秀を祀《まつ》った神社がある。江戸時代からあるものだが、それ以前から旧領民たちは、〝これはお稲荷《いなり》様でございます〟とかなんとか言って、こっそり祀りつづけていたらしいのである。

5――豊臣秀吉（一五三七？〜一五九八）

近年は、かなり翳《かげ》りが見えてきたが、秀吉人気は江戸時代からずっと高かった。この時代、幕府は豊臣家賛美につながることには目を光らせていたが、庶民には秀吉ファンが多かった。明治以後、立身出世思想が普及すると、人気はうなぎ登りとなる一方だった。一介の放浪児から天下人にまで昇りつめた「太閤様」の物語は、その典型だったからである。

これほどもてはやされた秀吉だが、本人にしてみれば、言いたくなかったこと、言われたくなかったことがいくらもあった。大河ドラマが、そういったことをどう扱ってきたか、残念ながら私は、逐一チェックはしていないので、適切に示すことができない。都合の悪い話は逃げていたようだという印象が残っている程度である。

言いたくなかったことの筆頭は、本人の出自や前歴にかかわる部分だろう。ことに織田家に仕えるまでの前歴に関しては、あんなおしゃべりな人が、ほとんど何も語り残していない。あまりにも惨《みじ》めで、カッコ悪すぎて、しゃべる気にもならなかったからだろう。

本人はしゃべらなくても、いろいろトラウマみたいなものを引きずっていたらしいことをうかがわせる話はある。彼が遠江で泥鰌《どじよう》を売っていたことはすでに紹介したが、隣国の三河でも、泥鰌を獲って歩いたらしい。あるとき、河合善左衛門という者がきれいにつくらせておいた田んぼの畦《あぜ》を踏み崩し、それが河合に見つかって、さんざん殴《なぐ》られたことがある。

秀吉が成功したのち、徳川家康やその家臣たちをつかまえて、三河に河合という者がいたが、いまはどうしているかと、しきりに尋ねたらしい。聞かれた者たちは、一様に〝その者なら、とっくに死にまして跡形《あとかた》もございません〟と答えたという。秀吉は、〝そうか、いまも健在だったら、むかしの礼を言おうと思ったのに〟と応じたというが、よほど屈辱的な思い出だったのだろう。なお、河合の家が絶えてしまったというのは、べつにウソではなかったらしい。

　これなどは、少なくとも三十年くらいむかしのことにこだわっていた話だが、故郷の村で、子ども仲間に些細《ささい》なことから鎌の柄で殴られたという話になるともっと古い。天下人となった秀吉は、故郷の村へ行って、そこを無税にしてやろうとしたが、そのとき、あの怨みは忘れられないから、アヤツが生きていたら、首を斬ってやりたいと言い出した。

　秀吉の剣幕《けんまく》から、村人も冗談で言っているのではないと感じたのか、その男なら死にましたとウソを言ったところ、子どもはいるかと重ねて尋ねてきた。子どももいません、もう孫の代ですと、またウソをつくと、秀吉はやっと納得して、孫なら仕方がないから、この村はすべて無税ということにしてやると言ったという。

　言われたくないほうの話は、なんといっても主家の織田家との関係だろう。秀吉は、結果的に信長の後継者となったが、信長の死んだときの〈継承順位〉は、決して高かったわけではない。信長の跡継ぎ信忠は、父といっしょに死んでしまったが、成人した息子としては信雄、信孝の二人が残っていた。家中にも、柴田勝家などのように秀吉より格上の者もいたし、同格程度は何人もいる。信長の同盟者・徳川家康も、秀吉よりずっと大きな勢力だった。

そこへ主君の弔《とむら》い合戦を果たしたという実績を引っ提《さ》げて割り込んだ秀吉だが、これだけではすんなり自分が信長の後釜《あとがま》に座るわけにはいかない。それで死んだ信忠の息子で、まだ三歳の幼児（のちの秀信）を織田家の家督に推すという奇策に出て、実権を握ろうとした。それだけでは十分ではないから、信長の次男・信雄を丸め込んで、これを表面に押し立てた。

信雄と信孝をくらべると、信雄のほうが人物としてはかなり落ちる。秀吉にとってはそこが付け目だったが、信孝は柴田勝家と結んで秀吉に対抗しようとした。だが、賤ケ岳《しずがたけ》の戦いで勝家が負けて滅んでしまうと、信孝は自殺に追い込まれた。さすがに秀吉自身の手でやるわけにはいかないから、信雄をそそのかしてそういう運びにさせたのだが、それが秀吉の差《さ》し金《がね》であることは、当の信孝を含めてだれにもわかっていた。

それでも、これはまだ間接的だが、その前に人質としてあった信孝の母親と娘を殺させたのは、秀吉の指図によるものだった。信孝の母ということは、故主・信長の側室だった人だが、それを磔《はりつけ》にかけたのである。さすがに、この件は伏せておきたかったらしく、秀吉がつくらせた自分の伝記にもないし、各種の「太閤記」などにも載っていない。

信雄はその後、徳川家康と組んで秀吉に対抗したこともあるが、また和解して大きな勢力を保っていた。しかし秀吉は、全国制覇を終えると、いろいろ理由をつけて追放してしまった。その後、またわずかな所領を与えて復活させたが、多分に〈使い捨て〉に近い。信長の死後、旗印とした秀信にしても、無事ではあったが、いつのまにか中級大名に落ちてしまった。もちろん、祖父の天下が戻ってくることなどなかった。

6――前田利家（一五三七？～一五九九）

前田利家を藩祖とする加賀藩は、俗に「百万石」と言われるが、最大では百二十万石くらいあった時期がある。もっとも、それは利家死後のことで、彼の代には一族の分まで合わせても八十万石に満たなかった。それでも出発点を考えれば、たいへんな出世だった。

利家の出た家は、現在の名古屋市内の小領主だった。同郷の秀吉などにくらべれば、かなりマシだが、加賀藩関係者の主張では約五千石、別の計算では二千石くらいの身代《しんだい》である。そのへんのところは、大河ドラマ《利家とまつ》でも、わりに正直にやっていたようだ。

利家は、信長がまだ十代だったころからの家臣で、紆余《うよ》曲折《きよくせつ》はあったが、信長の生前に能登一国を与えられている。もっとも、そのころには後発組の明智光秀や羽柴秀吉のほうが、ずっと先を行っていた。利家は、彼らほど指揮能力や行政能力を評価されなかったのだろう。

その利家の運が一挙に開けたのは、秀吉と柴田勝家の対立のおかげである。利家は、信長時代から勝家率いる北国衆、つまり北陸方面軍の一員であった。それだけではなく、若いころからなにかと勝家の世話にもなっていて、「親父様」と呼んでいたような間柄であった。勝家側に与《くみ》したのは当然といえるが、彼はまた秀吉とも親しく、娘の一人を養女にやるような仲だった。

天正十一年(一五八三)の秀吉と勝家の対決は、賤ケ岳《しずがたけ》の戦いとして知られている。この戦いは、近江(滋賀県)北部の山間部で双方がたくさんの砦《とりで》を構えて

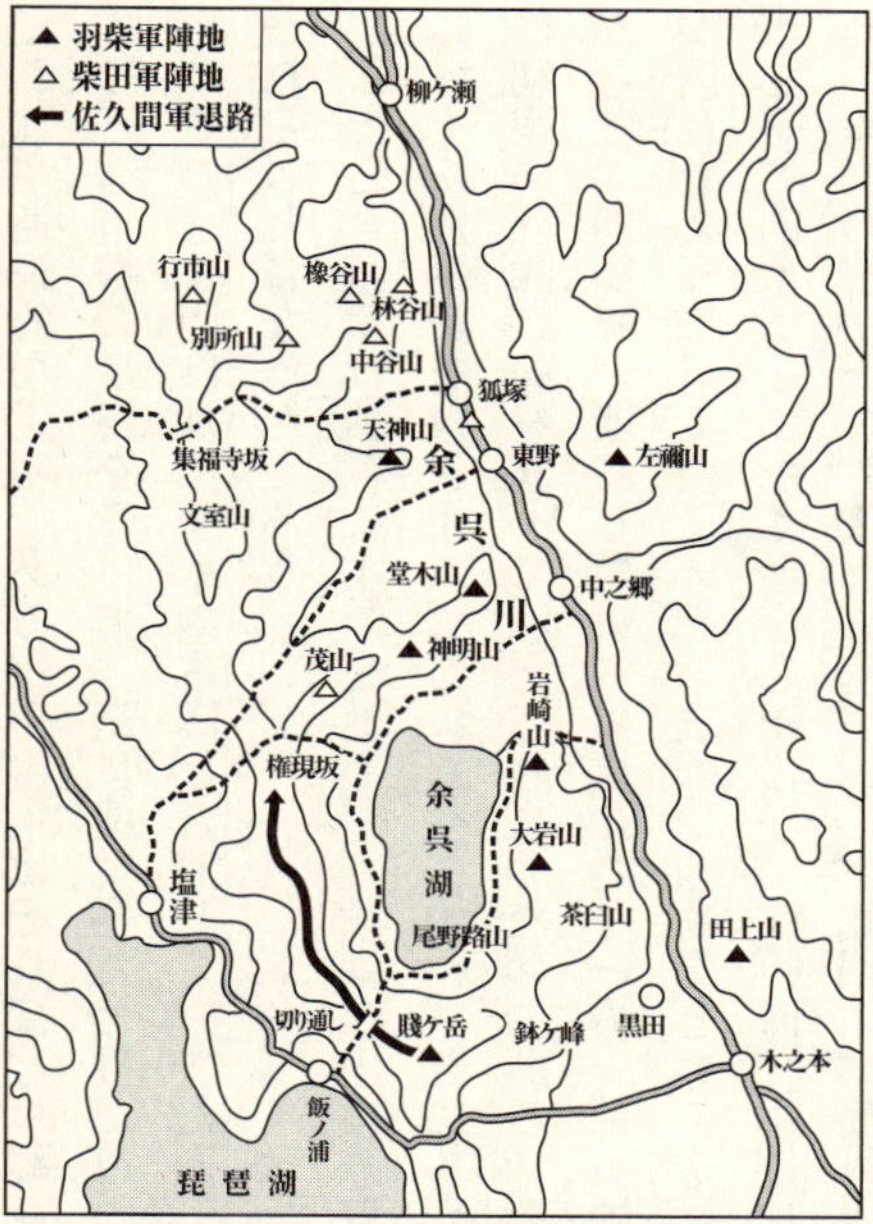

賤ケ岳の戦い要図（鈴木眞哉『戦国15大合戦の真相』平凡社新書、を参考に作成）

対峙《たいじ》するというかたちで始まったが、秀吉が勝家の同盟者である岐阜の織田信孝の攻撃に向かっているあいだに、勝家の甥・佐久間盛政が別働隊を率いて奇襲をかけ、秀吉方の大岩山砦と岩崎山砦を奪い取り、賤ケ岳砦を脅かした。

勝家は盛政に戻ってこいと言ったが、盛政は、勝家がこの機会に進出すべきだと主張して、なかなか引き揚げようとしない。そのうち秀吉が本隊を率いて引き返してきて佐久間勢を撃破し、それが全軍に波及して総敗北となり、勝家も越前の居城に退いて切腹した。

これが通説的な説明であるが、事実はそれほど単純な話ではない。盛政の別働隊は、秀吉勢の反撃を受けて一気に潰乱《かいらん》したわけではなく、整然と退却していった。そのままいけば、勝家の本隊と合流して、また両軍対峙しての陣地戦が再開されることになっただろう。

このとき勝家は狐塚に本陣を進め、利家は茂山に陣取って賤ケ岳方面から退却してくる別働隊を援護することになっていた。ところが別働隊が後退してくる前に利家の部隊が陣を払って消えてしまったのである。そのため、後方の勝家本隊からは、別働隊が壊滅したように見えた。一方、前方の別働隊からは後方の部隊が崩れたように見えた。いや、実際に崩れたといえる。

なぜ、利家はそんなことをしたのか。江戸時代初期にできた「川角太閤記」には、秀吉の密かな申し入れに基づいて、戦闘中に局外中立の態度をとることにしたのだとある。だが、戦闘中の中立というのは、消極的な裏切りにほかならない。だから「祖父物語」には「ウラギリ」とあるし、歴史学者の高柳光寿さんも、あれは裏切りだと説明している。

このあたりは《利家とまつ》でも、避けて通れないから、ずいぶん苦しい演出をしていた。また、ドラマにちなんで開催された展覧会では、「利家は直接秀吉方と戦火を交えることはなく、勝家方の敗北を機に越前府中に陣を退き、秀吉に帰服」したと説明されていた。

ほんとうは、多少の小競《こぜ》り合いはあって、利家の部下に戦死者も出ている。だから戦火を交えなかったわけではないが、それ以上におかしいのは、利家はべつに柴田方が負けたから撤退したわけではないことである。利家がさっさと撤退してしまったから、柴田方は総崩れとなったのだ。本末転倒というのは、こういうことである。

賤ケ岳山頂から余呉湖を眺める

負けた勝家は、敗走中に利家のいた越前府中城に寄ったが、ひと言も彼を責めず、このうえは秀吉を頼んで家を全《まっと》うしろとくりかえし言い残して去った。居城に帰ると、利家の入れていた人質も送り返してよこした。勝家は、むかしから大衆的人気の乏しい人だが、人質にしてあった故主の側室まで磔《はりつけ》にした秀吉などにくらべたら、はるかに立派である。同時に利家という人には、何か他人に恨まれにくいようなところがあったのかもしれない。

戦後、利家は、それまでの能登一国を安堵《あんど》されただけでなく、新たに加賀の二郡を与えられた。高柳さんは、負けた側にいて、こんなに厚遇された例はないと言っているが、そのとおりである。それだけ利家の〈裏切り〉の価値は高かったということであって、秀吉の天下をつくった功績の何割かは、利家のものといえるだろう。

そういうこともあったし、若いころからのなじみでもある利家は、身寄りも少ない秀吉にとっては頼りがいのある人間だった。それで死ぬときには、彼に後事を託していった。利家のほうも、そのつもりでいたが、秀吉の死後半年あまりで本人も死んでしまった。もう少し生きていたら、秀吉の息子・秀頼を関白にして頭にいただく〈前田幕府〉みたいなものができたかもしれない。そうなっていたら、日本の歴史に江戸時代などはなかっただろう。

7——山内一豊（一五四六？〜一六〇五）

山内一豊の名前は、明治の末から敗戦まで、三十数年間にわたって国定教科書に載っていた。山中鹿介よりも、ずっと長い。ただし、〈山内一豊の妻〉の夫として出てきたまでである。戦後になると、司馬遼太郎さんが『功名が辻』を書き、それが大河ドラマにもなったわけだが、これだって一豊本人に興味があってできたものではあるまい。要するに、一豊というのは、奥さんと抱き合わせでなければ主役になれる人ではないのだ。

その奥さん（正確な名前はわかっていない）が何をしたかということは、みなさんもよくご存じだろう。東国の馬商人が牽《ひ》いてきた名馬を見た一豊が、あれを欲しいなと言っているのを聞いてヘソクリで買ってやった。その金は、実家の父親から与えられたものだったというが、そのことがきっかけで一豊は信長に認められ、出世の一歩を踏み出した。

この話はいろいろな本に載っているが、大筋は共通である。だが、歴史学者の山本大さんによると、一豊が馬を買った時期や場所、奥さんに金を与えた人間などといった点になると、かなりバラツキがあるということだ。なかには、一豊に金を与えたのは母親だったという説もあるそうだが、それでは、いい年をした息子に母親が過保護だったのか、一豊がマザコンだったのかということにもなりかねない。

大河ドラマでは、場所は安土の城下、馬の値は金十両、時期は天正九年（一五八一）に信長が行った馬ぞろえの数カ月前という設定で、それによって信長に認められるという筋立てになっていた。これは諸説の最大公約数のようなものだが、山本さんも指摘するように、もともと名馬を買ったという事実そのものが当時の史料に出てこないのだから、これ以上とやかく言うのはヤボというものかもしれない。

そんなことよりも気になるのは、こういう話を流している人たちは、それまで一豊は馬に乗っていなかったと考えているのだろうか、ということである。金がなかったのだから、乗ってなかったに決まってるだろうという声も多そうだが、それはこの時代の常識ではない。

一豊の時代には、馬に乗るには、それだけの資格が必要であった。どこの大名家でも、原則として一定の地位・身分にある者でなければ、乗馬することは許されなかったからである。馬を買う金さえあれば、だれでも勝手に乗れたというわけではない。

このように馬に乗ることは一種の権利であったが、それは同時に義務でもあった。そういう資格のある者には、主人のほうでも、それだけの処遇をしているわけであるから、いざというときには馬に乗って出ていかねばならない。もらうものはもらっておきながら、乗る馬がありませんなどという言い訳は許されない。通勤手当はたしかにもらったが、飲んで使ってしまったので出社できませんと言うようなものだ。

そこまで申し上げればおわかりだろうが、それ以前は一豊が馬に乗っていなかったとすれば、懐具合《ふところぐあい》とは関係がなく、それだけの地位・身分にいなかったまでのことである。いや、それまでも乗ってはいたが、もっとよい馬が欲しかっただけだというなら、それなりに理屈は通る。しかし、馬も身分相応のものを選べばよいのだから、それ以上は贅沢《ぜいたく》というものである。夫婦で深刻に悩んだり、信長が褒めてやったりするような話ではない。

じつは、山本さんの紹介している話には、もっとひどいものもある。一豊が金がないからと言って、仮病《けびょう》をかまえて出陣を免れようとしたのを見た奥さんが、いまだって小禄でたいへんなのに、そんなことをしたらクビになってしまうではありませんかと言って、金を出してやったのだという。これがほんとうなら、ズル休みしたがるサラリーマンと変わらない。

馬の話はこんな具合で信ずるに足らないが、関ケ原のとき、家康に従って東国にいた一豊に奥さんが使いを送り、家康に味方するようすすめたというのは事実であろう。一豊は、奥さんの判断を信じて、書状の封を切らずに家康に提出した。さらに居城も提供すると申し出たので、家康の覚えはめでたかった。関ケ原の本戦では、布陣の関係もあって格別の戦功がなかったにもかかわらず、土佐一国を与えられたのは、そのためだといえる。

これこそ〈内助の功〉というものだが、それは東軍が勝ったがゆえの結果論にすぎない。この戦いの勝敗については、彼女などの知らない要因がいくらもあった。通説では、東軍は勝つべくして勝ったということになっているが、これは

〈徳川様御用達史観《ごようたし》〉の名残というものである。近年の研究を踏まえて考えると、西軍にも十分勝ち目はあったといえる。

そうなっていたら、一豊は、小賢《こざか》しい奥さんの言うことを信じたばかりに、遠江掛川六万石を棒に振ったマヌケな男として後世に記憶されていただろう。

8――徳川家康（一五四二～一六一六）

徳川家康の経歴や事績についてはウソが多い。本人がついたウソもあるだろうが、徳川様の天下になってから、御用学者などがデタラメなことを言っている場合も少なくないようだ。なにしろ家康は、「東照神君」だの、「東照大権現《とうしょうだいごんげん》」だのと崇《あが》められる存在だったのだ。

思いつくままにあげると、三河の松平家に生まれた家康は、隣に駿河の今川という大勢力があったため、幼いころから人質に出されて、たいへん苦労したということになっている。だが実際は、尾張の織田信秀（信長の父）に押されていた家康の父親が、今川家に応援を求めたところ、それなら証人（人質）を出してくれと言われただけのことである。これは当時としては、ごく当たり前の慣行で、いやなら織田家に潰されたまでである。

父親の死後も今川家にいたが、歴史学者の新行紀一さんによると、当時の家康は、当主を失った松平宗家唯一の男性であった。それで今川義元は、その成人を待って家督を保証したということであって、一種の「御恩」なのだという。義元の姪《めい》を娶《めと》らせたのも、今川の一門扱いをしたもので、こんな人質があるものではないというのが、新行さんの指摘である。

家康は義元の死後、息子の今川氏真《うじざね》と戦って今川領の遠江を奪い取っている。これはだれが見ても、恩義を忘れた裏切り行為というほかはない。それをごまかしたいから、人質とされていじめられたなどという話を流布させたのだろう。

義元の死後、家康は織田信長と結んだ。気難しく横暴な信長のために、いろいろ苦労させられたことは事実だろうが、武田信玄に潰されないですんだのは、信長と提携していたおかげである。当時の状況からすれば、信長が嫌《いや》なら信玄に従うほかなかっただろうが、そうなったらなったで、また別の苦労があったはずである。

信長の横暴さを物語るものとして、信長の要求によって、妻（義元の姪）と長男・信康を殺さざるをえなかったということも、よく言われるところである。妻子、ことに信康を始末せざるをえなかったことについては、家康生涯の痛恨事だったなどという声が絶えない。高柳光寿さんのような人までがそういう見方をしているくらいだから、小説やドラマは、すべてその線に沿ってつくられることに

東照大権現画像（浄光寺蔵）

なる。

しかし、歴史学者の谷口克広さんによると、一般に言われているように信長が信康を殺せと指示したわけではなく、家康から相談を受けた信長が、家康の思うとおりにせよと答えたまでであるという。これは「当代記」という相当に信頼性の高い史料を踏まえたものであり、傾聴すべき指摘といえる。なお、家康が信長の意向を聞いたのは、信康がその娘婿《むすめむこ》だったからである。

家康にしても、やみくもに息子とその母親である正妻を片づけたわけではなく、そうせざるをえない事情はあっただろう。この当時、家康は遠江浜松、信康は母親とともに三河岡崎にいたが、信康を取り巻く勢力が大きくなりすぎたのかもしれない。この時代には父子の対立など珍しくないし、本人たちにその気はなくても、周りがそうしてしまうこともあった。

いずれにしても、ほんとうの理由は出すわけにいかないから、信長の指示でそうなったということにしてしまったのだろう。江戸時代になって、家康が神様になると、ますます妻子殺しなど言えないから、すべて信長にかぶせて、彼が悪かったということにした。世間も、あの横暴な信長なら、そのくらいのことはやるだろうと納得した。身に覚えのない非難を浴びた信長こそ、いい面《つら》の皮というものだ。

信長の死後、家康は小牧の戦い（一五八四）で秀吉と対決したが、結局、和解して臣従のかたちをとった。徳川様御用達の史観では、実質的には家康が勝ったので、それ以後、秀吉も家康には遠慮せざるをえなかったということになっているが、事実は逆である。家康は、戦闘（battle）で勝ったことはあるが、戦争（war）ではほぼ完全に負けた。一見すると秀吉が下手《したて》に出ているような場面もあるが、それは秀吉の都合によるものである。そのことは家康にもよくわかっていたから、秀吉の生きているあいだは、二度と抵抗しようなどとは考えなかった。秀吉が死んでしまうと、家康は豊臣潰しに出て、最終的には秀吉の子・秀頼を殺してしまった。秀頼はともかくも主筋の人間であるし、孫娘の婿でもある。作家の山岡荘八さんなどは、あることないこと並べ立てて〈平和主義者〉家康を打ち出そうとしたが、どうやってみても、それは無理だ。家康が自家のために、悪《あく》辣《らつ》な真似をしたことは否定できないのである。

9——伊達政宗（一五六七〜一六三六）

伊達政宗というのは問題の多い人で、ずいぶんきわどいこともやっている。その最たるものが〈父親殺し〉の疑惑だろう。いや、疑惑というより、これは事実であって、政宗にどこまで責任があるのかが問題になるだけである。

事実関係をざっと記しておくと、天正十三年（一五八五）十月、伊達家に降参した奥州二本松城主の畠山義継《よしつぐ》が、宮森城にいた政宗の父・輝宗のところへ挨拶にやってきた。帰りぎわに義継は突然、輝宗をつかまえ、自分の城に連れ去ろうとした。小浜城にいた政宗は、知らせを聞いて駆けつけたがどうしようもない。結局、取り巻いていた伊達勢から鉄砲を撃ちかけ、義継主従五十余人と伊達輝宗は、すべて撃ち殺されてしまった。

当然、この銃撃に政宗がどうかかわっていたのかが気になってくるが、伊達家の公式記録は、ずいぶん苦労している。輝宗が〝わしごと撃て〟と叫んだので撃ったとか、政宗は鷹狩《たかが》りに出ていたので、到着したときには、すでに輝宗は死んでいたとか、釈明に努めている。

このとき現場に居合わせた伊達成実《しげざね》の書いた「伊達日記」には、遠巻きにしたいた伊達勢のなかから、だれかわからないが鉄砲を撃った者がいて、それにつられてだれの命令ということもなしに、鉄砲を撃ちかけたとある。その結果、義継主従も輝宗も皆殺しとなったというわけである。その気もなかったのに、群集心理でそうなりましたみたいな書きようだが、それなら輝宗を連れ去られてもよかったのかと問い返したくなる。

後世の第三者は、そんな甘いことは言っていない。江戸末期にできた『大日本野史』という歴史書には、輝宗が義継の城に連れ込まれては一大事だから、政宗は、父親もろとも撃たせたのだとある。それでも義継が輝宗を刺してから自殺したことにしているのは、直接の死因は味方の鉄砲ではなかったことにする、せめてもの配慮なのかもしれない。

現代の歴史学者・高柳光寿さんの解釈は、もっと辛辣だ。輝宗と政宗のあいだには、かなりギクシャクしたものがあり、政宗は、この機会に父親を始末するつもりだったのではないかというのである。たしかに義継の降伏を受け入れるかどうかでも、親子間で意見の違いがあったようだ。

義継は、最初から輝宗を拉致《らち》するつもりでいたわけではなく、伊達家の連中が、義継を謀殺する予定だと噂しているのを聞いて、とっさに思い立ったのである。高柳さんは、そうした噂を流したのも政宗の仕組んだことだと言う。政宗は、そうすれば義継は輝宗を刺すだろうから、親の仇といって討ち取ってしまう筋書きを立てた。ところが、思いがけず拉致という手段に出たので、父親もろとも撃ち殺すことにしたのだという。

いくらなんでも、政宗にきびしすぎる気もするが、政宗側に決定的に不利な材料もある。さきの「伊達日記」によると、事件の起きた宮森城にいた者たちは、武装する暇もなく追っていったが、あとから知らせを受けて出てきた小浜城の政宗配下の者たちは、ちゃんと甲冑《かっちゅう》を着け、騎馬でやってきたとある。いささか手回しがよすぎるといえるだろう。

また、義継主従五十余人を射殺したというが、反撃の余裕を与えずに、これだけの人数を倒すには、その何倍もの鉄砲を用意する必要がある。それやこれや考え合わせると、高柳さんの言うところは、当たらずといえども遠からずというところかもしれない。

政宗は、父親だけでなく友軍の将兵も殺している。元和元年（一六一五）五月、大坂落城のとき、自軍の前にいた大和の神保相茂《じんぼうすけしげ》という者の人数を取り囲み、彼らが〝味方だ、間違えるな〟と叫ぶのも聞かず、主従三十数人を撃ち殺してしまった。

かろうじて逃れた者が訴え出たが、政宗は、自軍の前にいてなだれかかってくるような者は、味方といえども打ち払わなければ、こちらも巻き込まれて敗軍になってしまうから、味方と知ってやったことだと嘯《うそぶ》いた。この味方討ちのおかげで、自分の軍も崩れず、勝利につながったのだから、これは忠節であるとも彼は主張した。

ところが神保の人数は、敗走してきたわけではなく、城方の首など取って引き揚げてくるところだった。政宗にしてみると、自軍は少し離れたところにいたため、戦機にまにあわなかった。そこへ、ひと手柄立てた者たちが戻ってきたので、腹を立てたのである。この日、尾張徳川家の浪人で戦闘に自主参加した者も、同じ理由で伊達勢に殺されている。

将軍家のほうも、この時点で政宗を処分することもできなかったと見えて、この件はうやむやになってしまったが、世間の評判は悪かった。薩摩島津家の当時の記録には、政宗は「比興」だとあるが、道理に外れたヤツ、あさましいヤツというほどの意味だろう。

10 —— 宮本武蔵（一五八四〜一六四五）

武蔵のことは、よく知られているようだが、みなさんがご存じの武蔵像は、たいていの場合、吉川英治さんが『宮本武蔵』で描いたもののはずである。だが、あれはあくまでも小説であって、もともと虚構に満ちている。また、吉川さん本人は、史実を踏まえて書いているつもりでも、そうではないといった箇所も少なくない。

だいたい、武蔵についての確かな史料というのは意外に少ない。『五輪書《ごりんのしょ》』に本人の書いた経歴が載っているが、そこには吉岡一門との戦いのことも、有名な巌流島《がんりゆうじま》の決闘のこともまったく出てこない。だからウソだと言うつもりはないが、ああいう〈名場面〉は、本人の死後になって、他人が書いたものから出ているということは、注意しておく必要がある。

そうかと思えば、本人がちゃんと書いているのに、あまり取り上げられることのない話もある。島原の乱のとき、寛永十五年（一六三八）二月に一揆の立て籠《こ》もる肥前原城（長崎県南島原市）の総攻撃に加わって負傷したという件がそれである。

宮本武蔵自画像（島田美術館蔵）

武蔵は、生涯に六回戦場に出たとされているが、具体的にどの合戦だったのかは明瞭でない。関ケ原合戦、大坂冬の陣・夏の陣と、この島原の乱に参戦したことは確かなようである。それらにおける働きについて、武蔵側はいろいろ格好をつけているが、裏づけとなるものは何もない。唯一、状況がわかっているのは、この原城落城の際の城攻めだけである。

五十代半ばになっていた武蔵は、すでに剣客として名を成していたが、養子・伊織の仕えていた豊前小倉の小笠原家の軍勢に加わって出陣した。けっこう張り切っていたと思われるが、結果は、はなはだシマラナイものだった。本丸の石垣をよじ登ろうとした武蔵は、脛《すね》に石を落とされて、動けなくなってしまったのである。

この話は、城が陥落した直後に、武蔵本人から日向延岡の城主・有馬直純に宛てた手紙に記されているもので、石に当たって脛が立ちかねるとある。この手紙は、ずっと有馬家に伝えられていたが、戦後、吉川英治さんが入手して公開したものである。

このとき原城に籠もっていたのは、大部分が農民であるから、このとき石を落としたのも、その一人だったろう。老婆まで出て石を投げ落としたという話があるから、女性だった可能性もある。いずれにせよ、まともに武蔵と立ち合ったら、ひとたまりもなく斬られてしまったような人たちだが、そこで完敗したのは武蔵のほうだった。

〈不敗の剣客〉武蔵も、その程度だったのか、とがっかりする武蔵ファンも多いだろうが、これは武蔵の責任ではない。戦場のリアリズムの前には、剣術というものを成り立たせている暗黙のルールなどは、通用しないというだけのことなのだ。

現実の戦場では、どういう状況で、どういう敵が、どういうかたちで仕掛けてこようと文句は言えない。一人を大勢で取り巻こうと、刀しか持っていない者に弓鉄砲を放ちかけようと、卑怯だなどと言うことはできない。武蔵だって、その点はよくわかっていただろうから、上から石を落としてきた相手を〝汚い〟などとは思わなかったにちがいない。

武蔵にとって幸いだったのは、相手が主君などもたない一揆勢だったことと、落城時の出来事だったことである。通常の城攻めでこんなことが起きていたら、動けなくなった武蔵は、容赦なく首を取られてしまったことは間違いない。

武蔵が、もしそんな死に方をしていたら、吉川さんも小説にする気は起きなかっただろうし、まして大河ドラマ《武蔵 MUSASHI》の主人公になることなどなかっただろう。

第三章 ウソっぱちの名場面

1――桶狭間の奇襲戦

桶狭間《おけはざま》の戦いというのは、数ある戦国合戦のなかでも、超有名なものである。日本史の教科書などにも、たいてい載っているし、映画やテレビドラマでもくりかえし描かれていて大河ドラマでもたびたび取り上げられているが、有名であるから真実であるということにはならない。歴史には、そうした事例がいくらもあるが、この桶狭間の話などは、その典型的なものである。

通説では、上洛をめざして進撃してきた駿河の今川義元の大軍を、永禄三年(一五六〇)五月十九日、織田信長がわずかな人数で奇襲をかけて討ち取ったということになっている。つまり、このお話は、義元の上洛と信長の奇襲という二本の大きな柱から成り立っているのだが、義元が上洛を志して動いたという点からしてまず怪しい。

戦国大名といえば、だれでも彼でも都に旗を立てることを考えていたように言われているが、次の章で取り上げるように、それは事実ではない。ことに今川義元の場合には、本人に上洛志向があったかどうかは別として、この時点での上洛などありえなかった。

義元は公称四万、実質二万五〇〇〇くらいの人数で出ていったとされるが、京都までのあいだには、信長のほかにも立ちふさがる大名が何人もいる。また、畿内とその周辺は、実力者の三好長慶がしっかり押さえている。それらとまともに戦って撃破するには、この程度の人数では、とうてい無理である。ほんとうに上洛するつもりなら、あらかじめ根回しをして、各地の勢力と提携しておかねばならないが、義元はまったくそういうことをしていない。

そのため、義元の上洛という話は、以前から疑われているところがあった。たとえば、高柳光寿さんなども、義元の目的は、さしあたり信長を打ち破って、尾張を取るためだったろうと言っている。しかし、実際問題としては、それでもまだ〈重荷《おもに》〉だっただろう。

二本の柱のうち義元の上洛については、そういうことだが、もう一本の信長の奇襲については、近年までだれも疑う人はいなかった。高柳さんなども例外ではない。それくらいだから、映画やテレビドラマでも、信長の乾坤一擲《けんこんいってき》の奇襲攻撃の場面がくりかえし流されつづけてきたことは、ご案内のとおりである。

ところが、藤本正行さんが、この奇襲説に異議を唱えた。

藤本説の骨格は、ある意味で単純明快で、信頼できそうな史料に、まったく裏づけがないということである。もう少し具体的にいうと、これまでの桶狭間の物語というのは、江戸時代の初期に小瀬甫庵という作家が書いた『信長記』という書物に基づいていた。この『信長記』というのは、信長の旧臣・太田牛一《ぎゅういち》という人の書いた『信長公記』を下敷きにして、その通俗版のようなかたちでつくられたものである。

ところが、その『信長公記』には、義元が上洛を志していたとか、信長が奇襲をかけたとかいうことは、いっさい出てこない。それどころか、信長は今川勢に真正面から攻撃を仕掛けたとある。たまたまそれが当たったから義元を討ち取れたということである。

小瀬甫庵が『信長記』を書くにあたって、太田牛一も知らなかった事実を発掘してきたというなら別だが、そういうことはまずありえない。そうだとしたら、義元の上洛だの、信長の奇襲だのというのは、話をおもしろくするための甫庵の創作としか考えようがない。ところが、甫庵流のフィクションが明治時代に陸軍参謀本部がつくった『日本戦史』で採用され、学者や軍人が、もっともらしく解釈を加えた結果、普及、定着してしまったのである。

義元が西進した目的は上洛などではなく、藤本さん流にいえば、戦国大名どうしのありふれた国境紛争にすぎなかった。そうであれば信長としても玉砕覚悟でかかってゆく必要など何もなく、なんとか今川勢を追い返してしまえば足りた。

また、この時代に総大将が戦場で討死した事例などめったになかったことは当時の常識であるから、最初からそんな確率の低いことを狙って一発勝負の大バクチを打つことなどありえない。

桶狭間古戦場の碑

『信長公記』を読めばよくわかるが、信長は攻撃を仕掛けたとき、今川義元がどこにいるのかさえ、つかんでいなかった。ただ、彼には彼なりの計算があって、前夜からの戦いで疲れている今川軍の一部を自分の新鋭の兵力で叩けば、どうにかなると考えていたようである。実際にもそのつもりで行動しているが、それは彼の勘違いだった。しかし、その勘違いが結果的に大当たりとなったのだから、世の中はわからない。

そう言われても、二万五〇〇〇もの今川勢が、二〇〇〇くらいの織田勢に簡単に負けてしまうものかと思われる方も多いだろう。だが、遠路はるばるやってきた今川勢は、たくさんの補給要員なども必要であり、軍勢の半ば以上は非戦闘員だったと思われる。一方、居城の清須（愛知県清須市）からまっすぐやってきた信長勢は、今川勢にくらべて戦闘員の比率がずっと高かったはずである。

しかも、信長のほうは一団となっていたのに対して、義元のほうは各所に兵力を分散させていた。そのため、両者が桶狭間（愛知県豊明市）付近で衝突したときには、びっくりするほどの格差はなかったであろう。そこに予期せぬ天候の急変といった信長方を利する事象も加わったりしたため、彼の大勝利という結末になったのである。

そういう次第で、義元上洛説はもちろん、信長奇襲説もしだいに力を失ってきて、まともな学者なら、そんなことは言わないようになってきた。だが、それではあきらめきれない人たちもいる。そのため信長はたんに奇襲したのではなく、謀略によって義元を桶狭間付近に誘導して討ち取ったのだという奇説が持ち出されたりした。

　これは尾張の旧家で偶然発見されたという文献に拠《よ》ったものだが、この本は一種のトンデモ本で、まともに取り上げるようなものではない。くわしく説明している余裕がないので、その点を含め、ここまでの議論に興味のある方は、藤本さんの『桶狭間の戦い』（洋泉社・歴史新書y）、『新版　偽書「武功夜話」の研究』（鈴木眞哉共著、洋泉社・歴史新書y）をお読みいただきたい。

2——川中島の一騎打ち

　戦国合戦の名場面は数々あるが、川中島の一騎打ちなどは、間違いなく横綱クラスといえる。馬上で太刀を振るって斬りつける上杉謙信、それを床机《しょうぎ》にかかった武田信玄が軍配団扇《ぐんばいうちわ》で受け止めるという構図は、歴史ファンならずとも、たいていの方がご存じであろう。大河でも、こうした場面が何度か流された。

それほど有名なお話だが、どこまで信じられるかというと、それがきわめて危なっかしいのである。一般に流布している話は、武田方の史料である『甲陽軍鑑』に乗っかって出てきたものである。それによれば、永禄四年（一五六一）九月十日の第四回目の合戦のときに、伝えられるようなかたちで両雄の一騎打ちが行われたことになっている。だが、山本勘助のところで言ったように、これがむかしからあまり信用されていない書物なのである。

上杉方では、『甲陽軍鑑』に対抗して「川中島五箇度合戦記」といったものをつくったが、そちらの話はだいぶ違う。信州川中島（長野県長野市）で、そういう出来事があったことは認めているが、天文二十三年（一五五四）八月のこととしていて、時点がまったく違う。

その状況も、謙信が信玄の本陣へ突入したのではなく、両雄が川中に馬を乗り入れて一騎打ちしたことになっている。さらに、このときの信玄は本物ではなく、影武者だという説もあるというオマケまでついている。もっとも、上杉方でも永禄四年九月の一騎打ちをまったく認めていないわけではない。ただ、斬り込んだのは謙信ではなく、家臣の荒川伊豆守という者だったとしている。

川中島の一騎打ちを描いた２枚の絵
[上]川中島合戦絵図 部分（ミュージアム中仙道所蔵）
[下]川中島合戦図屏風 部分（和歌山県立博物館蔵）

ということで上杉方の主張に従ってゆくと、信玄・謙信本人たちの一騎打ちというのは、なかったことにもなりかねない。これではあまりにつまらないが、上杉方の「川中島五箇度合戦記」が武田方の『甲陽軍鑑』より信用できるかというと、まったくそういうことではない。五十歩百歩と言いたいが、もっと落ちるだろう。

そこで、なんとか両雄一騎打ちを認めたい人が持ち出すのが、永禄四年十月五日付けで、関白・近衛前久《このえさきひさ》から謙信に宛てた手紙である。前久はこのころ、謙信の招きで東国にやってきていて、下総古河《しもうさこが》（茨城県古河市）に滞在していた。そこで川中島の合戦のことを聞いて、謙信に手紙を書いたわけである。

それによると、謙信自身が太刀討（打）に及ばれたということだが、これは比類のないことで、「天下の名誉」でありますとある。一騎打ちを肯定したい人たちは、これこそ動かぬ証拠だと言うのだが、それほど簡単な話でもない。そもそも、これだけでは相手が信玄だったかどうかわからない。「天下の名誉」とあるのだから、信玄と戦ったにちがいないという説もあるが、これはいささか無理な論法である。

それなら謙信が太刀を振りまわして、だれかと渡り合ったことだけは認めてよいかというと、それも少しおぼつかない。この時代には、武器が何であろうと、敵と戦えば「太刀打ち」と表現した。極端な例では、双方弓矢で戦ったのに、そう記しているものさえある。だから、この場合も、謙信が何か武器を手にして戦ったという意味に解しておくべきである。

それでも一軍の大将がそんなことをやるのは、大敗して命が危ないといった場合を別にすれば、めったにないことだった。天正十四年（一五八六）ころ、毛利家の重臣・益田元祥《ますだもとなが》という人が、みずから武器をとって接戦したというので、毛利一族の人たちが褒めちぎり、馬だの太刀だの贈った例がある。元祥は一手の主将だったにはちがいないが、全軍の総大将ではない。

その程度のクラスでも、そんなに騒がれたのだから、上杉謙信ほどの人がほんとうにみずから敵と渡り合ったとなれば、たしかに比類のない話であり、「天下の名誉」にはちがいないのである。まあ、前の章で述べたように、謙信というのは、そうしたパフォーマンスの大好きな人間でもあった。

映画やテレビドラマでは、この一騎打ちは、だいたい通説どおりに演じられている。稲垣浩監督の映画『風林火山』などもそうだったが、ただ、謙信のほうが同じ装束の武者何騎かで斬り込んでくる設定になっていた。信玄ではなく謙信に影武者がいたようなかたちだが、これは、稲垣さんが子どものころ聞いた琵琶歌《びわうた》か何かから採った演出だそうである。

海音寺潮五郎さんの『天と地と』は上杉謙信が主人公だが、一騎打ちについては、上杉側が「川中島五箇度合戦記」で主張しているようなかたちにはせず、通説どおりとなっていた。大河ドラマもそのような演出だったが、角川映画の『天と地と』では、両将が川のなかで馬上の一騎打ちを演ずるというかたちをとっていた。

3――墨俣の一夜城

織田信長は、長らく稲葉山（岐阜県岐阜市）を本拠とする隣国美濃の斎藤家と争っていた。永禄九年（一五六六）、信長は、長良川を隔てて稲葉山の対岸にある墨俣《すのまた》（岐阜県大垣市）に砦を築いて拠点としようと思いついた。それで重臣たちにやらせてみたが、どうもうまくいかない。それを木下藤吉郎時代の秀吉が引き受け、近在の野武士どもを駆り集めるとともに、プレハブ工法のような手段を用いてみごとに成功させた。

きわめて短期間で完成させたという意味で、「墨俣の一夜城」と呼ばれるこの築城話は、太閤出世物語のひとコマとして欠かせないものとなっている。秀吉を扱った講談や時代小説では、忘れずに語られるし、大河ドラマでも抜かりなく演じられている。

これだけ有名なお話だが、これも桶狭間同様、よく知られているからといって真実とは言えない適例の一つなのだ。身も蓋《ふた》もないことを言ってしまえば、そもそも信長は、永禄九年になって墨俣に砦を築くことを思いつくわけがない。信長の伝記としてもっとも信頼できる『信長公記』を見ると、彼は永禄四年（一五六一）に、すでに洲俣（墨俣）に砦を構えていることが明らかである。そこを足場に稲葉山の斎藤勢とさかんに戦闘をやっているのだ。

この砦は、その後、放棄されてしまったらしいが、それを五年後にまた構築する必要が生じたとは思えない。そのくらいなら、最初の砦を固く守っていただろうが、それが困難だし、得策でもないから捨てたというまでだろう。というわけで、同じことを二度くりかえすはずもないし、そもそも信長は、美濃攻めにあたっては、まともに戦争するよりも、相手の内部を切り崩すのに熱心だった。実際にも、その手で成功しているのである。

それでは、なぜ「永禄九年、木下藤吉郎が墨俣に築砦《ちくさい》した」などという話が出てきたのか。それは、明治四十年（一九〇七）に渡辺世祐《よすけ》という学者が、軍記類などを勝手にこね合わせて、そういうことにしてしまったからである。さらに近年になると、永禄九年の築城話を裏づけられる〈証拠〉が見つかったということで、またこの話が再燃した。

それは、桶狭間のところでもふれた、尾張の旧家で発見されたという一群の文書のなかにあった。それらの文書は、『武功夜話』という名でまとめられ刊行されたが、一部の不勉強な学者が無批判に推奨し、作家や物書きが飛びついた。NHKも歴史番組で大いに持ち上げたし、大河ドラマの素材にも使われたから、ご記憶の方も多いだろう。

こうして新しく出てきた資料の問題も含めて、墨俣の築城話のどこがどうおか

観光用につくられた墨俣一夜城

しいかを逐一、指摘したのは藤本正行さんである。だから、くわしいことは桶狭間の箇所であげた彼の著書を読んでもらえばよいのだが、「永禄九年、木下藤吉郎が墨俣に築砦した」という、いいかげんな話がどういう具合にできあがったかという過程だけを紹介しておこう。

小瀬甫庵は、桶狭間について義元上洛説や信長奇襲説をでっちあげた人だが、墨俣一夜城のタネをまいたのも、やはり彼である。甫庵は、まず『信長記』で永禄五年（一五六二）に信長が洲俣（墨俣）に砦を構えたと書いている。おそらく、さきにふれた『信長公

『記』の記事を一年間違えたのだろうが、明らかに永禄九年ではないし、秀吉も出てこない。

十数年後に書いた『太閤記』では、永禄九年九月に、信長が美濃のどこかに城を築いて、秀吉を城将に据えたことが出てくる。永禄九年九月の出来事としているにはちがいないが、つくったのは信長であって秀吉ではないし、場所も墨俣と言っているわけではない。

その後、江戸中期にできた『總見記《そうけんき》（織田軍記）』という書物があって、そこには信長が構築した洲俣（墨俣）の守将を秀吉が進んで引き受けたという話が載っている。ここでやっと墨俣と秀吉の結びつきが出てきたが、城をつくったのはあくまでも信長であるし、時点も永禄五年五月であって永禄九年九月ではない。

それよりまたのちに『絵本太閤記』というものができた。そこではじめて先輩たちの失敗のあとを受けた秀吉が、奇計をもって墨俣に砦を築くことに成功したという話になる。一夜で城を築いたと言い出したのも、この本が最初である。ただし、その時点は永禄五年である。

これらの記事の中身は、デタラメなことばかりだが、それにはふれない。問題は、時は永禄九年、築城者は木下藤吉郎、場所は墨俣という〈三点セット〉で書かれたものは、一つもなかったということである。それは渡辺世祐さんが勝手につくった話だというのは、そういう意味である。したがってまた、渡辺説をなぞったとしか思えない『武功夜話』や、それを踏まえたテレビドラマなどが信じられるものでないことは、言うまでもあるまい。

4――三方原の戦いと家康神話

元亀三年（一五七二）十二月二十二日、徳川家康は、居城浜松の郊外の三方原《みかたがはら》（静岡県浜松市）で、武田信玄と戦ってこっぴどくやられた。命を落とさなかったのがめっけものといったくらいの負けようで、やっとのことで逃げ帰った。生きているうちから軍神《いくさがみ》のように見られていた信玄の大軍とあえて戦ったのは、勇敢といえばいえるが、無謀だったともいえる。だが、江戸時代には家康は文字どおり神様だったから、家康に都合の悪いことは書きたくても書けない。それで大敵を恐れず果敢に挑戦したカッコよい家康像が強調され、それが小説やドラマにまで、ずっと受け継がれている。

といっても、負け戦を勝ち戦というわけにもいかないから、軍記作者などはずいぶん苦労している。たとえば、徳川方の将士がいかに勇戦敢闘したかを、これでもかこれでもかとばかり書き立てたり、応援に来た織田信長の部下たちがだらしなかったとして、暗に〈責任転嫁《てんか》〉を図ったりとたいへんである。

このとき信玄は、浜松城など無視する構えで、どんどん西に進んでいった。家康としては、そのまま城のなかで息をこらしていれば、信玄は通り過ぎてしまうわけで、さしあたり、そういう選択もあったし、それをすすめる者も多かった。ことに信長のところから応援に来た連中は、そう主張したとされている。

徳川様べったりでは定評のある『武徳大成記』という書物があって、それにもそう書いてある。家康が出撃しようとすると、信長のところから来た佐久間信盛、滝川一益、平手《ひらて》汎秀《ひろひで》の三人が強く反対した。家康は、それなら軍事は息子に譲って俺は坊主になると怒ったが、彼らがどうしても引き下がらないので、出撃論を引っ込めて鬱々《うつうつ》としていたという。滝川はこのとき来ていなかったはずだが、彼ら三人の家は、いずれも早くに没落してしまったから、いくらでも悪口を言うことができた。軍記などには、そういう例が多い。

　もう少しあとに幕臣の根岸直利という人の書いた「四戦紀聞」も似たようなものだが、家康は、彼らが止めるのも振りきって出撃したとしている。また、幕末に家斉将軍の命でつくられた『改正三河後風土記』にも、これ以上、止めるヤツがいたら、わしは山林に隠れて坊主になるぞと息巻いて押し出したとある。それでも、軽率に戦端を開くなと言う者が少なくなかったが、敵に枕の上を踏み越されても起き上がれない腰抜けと言われるのはまっぴらだと、積極的に仕掛けていったとされている。

　ところが、こういうカッコいい家康を描き出した同じ書物が、一八〇度違うことも書いている。たとえば、さんざん家康を持ち上げた「四戦紀聞」は、その筆も乾かぬうちに、浜松へ向かうことなく西へ移動する武田勢を見物しようと浜松城を抜け出した連中が一〇〇〇人くらいにもなり、彼らが雑卒《ざっそつ》に投石させたりしたと記す。それで神君（家康）もやむをえず浜松を御出馬になったというのだが、これでは勝手に出ていった部下たちに引きずられただけのことだ。

　武田勢の見物にバラバラに出ていった連中が、石など投げ合ううちに、老巧な信玄に戦闘に引きずり込まれてしまったということは、『武徳大成記』を含めていろいろな書物に記されている。「当代記」というかなり信頼度の高い史料があるが、それにも浜松の連中は、物見と称して一〇騎、二〇騎と出ていって武田勢と競り合いになったとある。家康は、なんとか彼らを引き取らせようとして出馬したが、予期しない合戦になってしまったというのだ。

これらは徳川側の本音というものだろうが、それによれば、家康は積極果敢に打って出たわけでもなく、無謀だったわけでもない。野次馬《やじうま》気分で勝手に飛び出してしまった部下たちを引き戻そうと苦労しているうちに、みずからも戦闘に巻き込まれてしまったということである。それが三方原の戦いの真相だった。

ちなみに、家康は大坂夏の陣（一六一五）のとき、息子の義直の部隊の動きが気に入らないというので、義直につけてあった成瀬正成《なるせまさなり》に使いをやって〝腰抜けめ〟と罵《ののし》ったことがある。言われた正成も負けてはおらず、〝そういう大御所（家康）だって、信玄にはたびたび腰が抜けたではありませんか〟と言い返した。真実は、そんなところだろう。

5――騎馬VS鉄砲・長篠の戦い

天正三年（一五七五）五月二十一日の長篠の戦いといえば、怒濤《どとう》のように突進してくる武田の騎馬隊を、馬防柵《ばぼうさく》の背後に三列に構えた織田信長三〇〇〇の鉄砲隊が、三段撃ちで撃ち倒すというのが定番的表現になっている。大河ドラマでも、もちろんそうした演出をしているが、これをもっとも鮮明なかたちでやったのは、黒澤明監督の『影武者』だろう。

こうした場面などありえなかったということは、私を含めて複数の人間が、何十年も前から主張してきた。今では、学界でもかなり受け入れられているが、NHK様などは、依然として〈定番表現〉にしがみついておられるようである。

それでおさらいしておくのだが、武田方には騎馬隊などといえるようなものは、そもそもなかった。まず、山内一豊の箇所で言ったように、この時代には、馬に乗れる人間そのものが限られていた。武田家の例でいえば、戦闘員に対する比率は一二パーセント程度というところだったが、これはほかの家も似たり寄ったりということである。

そうした騎馬武者は、それぞれが負担する軍役に応ずるなどして、あちこちから一騎、二騎と集まってくるのだが、当然のことながら、共同生活も共通訓練も経ていない。集団行動など、とうてい無理である。しかも、馬に乗ってくるのはおおむね主人か将校クラスの者たちであるから、彼らだけひとまとめにしてしまったら、平の兵士たちを指揮する者がいなくなってしまう。

これでは西部劇やナポレオン映画に見るような近代的な騎兵隊など、組織できるはずがない。いまだに立派な（?）学者のなかにまで、武田の「騎馬隊」とか「騎馬軍団」とか呼んでいる人がいるようだが、そんなこともわからないとは不思議である。

おまけに、この当時の戦闘のあり方としては、騎馬武者の多くは、あらかじめ馬から下りてしまうのがふつうだった。それにはいろいろ理由があったのだが、そうした慣行が普及していたことは、日本側の史料にあるだけではなく、ザビエルやフロイスのように、そのころ来日していた宣教師の報告などにも明記されている。彼らが見た限りでは、それが常態だったのだ。

馬のほうがそういう具合だとしたら、鉄砲のほうはどうだったか。〈三〇〇〇挺《ちょう》の三段撃ち〉とひと口に言うが、信長が戦場に配置できた鉄砲の数は、とても三〇〇〇などはなかった。『信長公記』のような確かな史料から見たかぎりでは、一〇〇〇挺プラスアルファ程度であった。そのことを最初に指摘したのは藤本正行さんだが、明確な反論をした人はいない。

それだけでも問題だが、もっと深刻だったのは、この一〇〇〇挺あまりの鉄砲を操った兵士たちの中身である。彼らは信長直属の連中とはかぎらず、後方に残してきた筒井《つつい》順慶《じゅんけい》や細川幽斎などを含めた配下の部将たちに急遽《きゅうきょ》、提供させた者たちが多数含まれていた。

一度も共通した訓練をやったことのない連中を、にわかに実戦の場に連れてきて、三列になって入れ替わりながら撃てなどという複雑な運動を要求できるものだろうか。これはもう常識の問題であるが、そんな常識など無視したようなことを言っている人も、いまだにいる。しかし、無理にそんなことをやらせたら、誤射、暴発、引火事故などで、敵を撃つ前に味方のほうがたいへんなことになっていただろう。

これに加えて、彼らが配置された場所の問題もある。信長勢が陣取ったあたりは、もともと狭いうえに、柵、壕《ごう》、土塁《どるい》などが何重にも構えられていた。仮に訓練の行き届いた兵士たちを連れてきたとしても、三列になって動きまわれる余地など、とうていあるものではない。

要するに、三段撃ちなどやろうと思ったところでできるものではなかったが、信長としては、べつにやりたくもなかっただろう。そんな必要は、まったくなかったからである。

三段撃ちのような戦法が必要になり、効果を発揮するのは、相手が大軍で、しかも全戦線でいっせいに攻撃を仕掛けてきたような場合である。だが、武田軍は小勢であったうえに、戦線のあちらこちらで断続的に攻撃を仕掛けている。それに対して、目の前に敵がいようがいまいがおかまいなく、ひっきりなしに発砲しなければならない必要性などまったくない。当時は、火薬も鉛弾も貴重品だったのだから、そんな無駄づかいが許されるものではない。

ついでにいっておくと、〈三〇〇〇挺の三段撃ち〉を主張するような人たちは、徳川勢の鉄砲については、あまりふれない傾向がある。長篠の戦いというのは、徳川家康が信長に応援を求めた結果行われたものだが、織田勢と徳川勢の受け持ちは、はっきり分かれていた。そちらはどうなっていたのか、ほとんど説明された例がない。

それ以上にひどいのは、武田方の鉄砲が無視されていることだ。かつてどこかの民放テレビ局が、武田方には鉄砲はろくになくて、代わりに投石部隊がいたなどと、まことしやかに流していた。しかし実際には、武田側もかなりの鉄砲を用意していた。彼らに包囲された徳川家の属城長篠城は、武田勢の銃撃で穴だらけになっていたという。これはのちに徳川家康本人が語っていることである。

長篠の戦いが騎馬VS鉄砲の戦いだったかのような話の元をつくったのは、桶狭間や墨俣一夜城の箇所で取り上げた小瀬甫庵である。これをほかの軍記などが受け継ぎ、陸軍参謀本部なども採用した。それに近代ヨーロッパの戦術の知識などを加えて、都合よく練り上げられたのが、いまも定番的に流されているようなお話なのである。

それでは現実の長篠の戦いは、どういうものであったかというと、ひと口で形容すれば、それは「攻城戦」であった。それも大軍の織田・徳川方が堅固な陣地を構えて立て籠もり、小勢の武田方が、それを真っ向から攻撃するかたちであった。そうなった理由はもちろんあるが、このようなかたちになっては、小勢のほうが不利になったのは当たり前である。

6——信長の鉄船

織田信長が天正六年（一五七八）に鉄船（鉄板で装甲した船）をつくったという話は、ほとんど定説化しているといえる。学者や物書きの人たちがしきりにそういうことを言い、想像図なども流されている。ＮＨＫも、大河ドラマではあまり派手に扱っていた記憶はないが、歴史番組では、こういう鉄板を用いたなどということまで、もっともらしくやっていた。

これだけ言うからには、定めし立派な根拠があるのだろうと思いたくなるが、それがそういうわけでもない。信長関係の史料として、真っ先にあげられる『信長公記』には、信長が伊勢の九鬼嘉隆《くきよしたか》に大船六艘をつくらせ、滝川一益にも白舟一艘をつくらせたとあるだけである。著者の太田牛一は、おそらく実物を見たことがあると思うのだが、装甲のことなどには、いっさいふれていないのである。滝川のつくったのは「白舟」とあるから、九鬼のほうは〈黒船〉だったという理屈もありそうだが、だから装甲船ということにはならない。嘉永六年（一八五三）アメリカのペリー提督が引っ張ってきた四隻の船も「黒船」と呼ばれたが、すべて木造船だった。欧米で装甲船がつくられはじめたのが、ちょうどそのころだったのだから、当たり前である。

宣教師のオルガンチノは、わざわざ船隊が入港した和泉（大阪府）堺まで見にいって船にも上がってみたらしいが、装甲については何も述べていない。彼が力をこめて言っているのは、もっぱら搭載《とうさい》されていた大砲のことだけである。大船の建造にあたった九鬼家の家譜も同様で、火砲の威力については記しているが、装甲に関してはなんの記述もない。

それではみなさん何を根拠に鉄船鉄船と言っているのかというと、奈良多聞院《たもんいん》の英俊という坊さんの日記である。そこに「鉄ノ船也」とあるのを、唯一絶対の証拠として、そういう主張を展開しているのである。もちろん、それが信じられるならそれでもよいが、英俊は、オルガンチノのように船を実見しているわけではない。だれかから聞かされただけである。こういうのは裁判でも、伝聞証拠といって直接見聞したことより証拠としての価値は低い。

じつは、これから十数年後に豊臣秀吉はほんとうに総鉄張りの軍船を何隻かつくっているが、船体に欠陥があったため、裂けて沈没してしまったと外国人の修道士が報告している。信長が実際に鉄船をつくっていたものなら、そのノウハウは、当然伝わっていただろうから、そんなことにはならなかったはずである。

また、英俊は、鉄砲で船を貫通されないように鉄板を張ったようにも言っているが、通常の鉄砲を防ぐためなら、そこまでの必要はあるまい。ただ、砲手などを狙撃されないように、船上の大砲の周りを鉄張りの楯などで囲うといった程度の工夫はあったかもしれない。そういうことに尾ヒレがついて伝わったとも考えられる。

英俊の日記は、伝聞だけにまだおかしなところがあって、船の大きさを長さ一二、三間、幅七間と書いている。だが、こんな盥《たらい》のような寸詰まりの船が実際にあるはずがない。太田牛一の書いたもののなかに、長さ一八間、幅六間とあるが、これなら常識的な数値である。

ところで信長が、これらの大船をつくろうと思い立ったのは、ずっと戦ってきた大坂の本願寺の海上補給路を封鎖するためであった。中国の毛利家や紀州の水軍などが本願寺に味方して、兵糧などを運び込んでくるのを阻止しようということである。『信長公記』は、信長の船隊は、大坂湾に回航される途中、紀州の水軍などを打ち破り、大坂では毛利の水軍と大海戦を演じて、これを撃滅したように言っている。

学者は、おおむねこの線で説明しているが、『信長公記』以外の軍記や九鬼家の家譜などは、そこまで派手なことは書いていない。だが、学者などのなかには、この船隊の働きを非常に大きく見て、それによって本願寺は完全に封じ込められてしまったように考えている人が少なくない。元亀元年（一五七〇）九月に挙兵した本願寺は、十年後の天正八年（一五八〇）八月、開城して本拠を明け渡したが、それは兵糧攻めの効果だったということである。

これに対して、本願寺はべつに兵糧に窮していたわけではないという〈証言〉もある。証言者は多聞院の英俊で、本願寺には多量の米、塩、味噌などの食料や資材が蓄えられていたと、日記の本願寺の開城にふれた箇所で記している。本願寺は開城時に炎上したが、それらが焼失したのは「国家ノ費《ついえ》」だとまで彼は言っている。

これも他人から聞いた話らしいから、信用の限りではない。しかし、それを言うなら鉄船の件だって同じことである。少なくとも、伝聞に基づく〈証拠〉を根拠に鉄船の存在に太鼓判を押した人たちは、こちらも容認しなければスジが通らない。自分たちに都合のよいものは拾って、都合の悪いことは無視するというのでは、典型的なダブルスタンダード（二重基準）である。まともな学者ならやることではない。

なお、本願寺が物質的に窮迫していなかったという英俊の記述は、それほどピント外れだったわけでもない。本願寺がさしあたり兵糧や弾薬に困っていたわけではないことは、ほかならぬ本願寺法主の顕如《けんにょ》が残した書状など、ほかの史料からもうかがうことができる。

7——高松城の水攻め

水攻めという戦法は、べつに豊臣秀吉が考案したものではないが、彼はこれを得意としたと言われている。実際にも備中高松（一五八二）、尾張竹ケ鼻《たけがはな》（一五八四）、紀州太田（一五八五）と三回実行しているし、武蔵忍《おし》（一五九〇）では、部下に指示してやらせている。

このうち、もっとも有名なのが高松城（岡山県岡山市）の水攻めである。秀吉一代の戦歴のなかでも大きな見せ場の一つだから、大河ドラマでも忘れずに扱う。もっとも、最初に《太閤記》で見たのはチャチなセットで、いっこうに迫力がなかったのを覚えている。近ごろはＣＧでも使うのか、田舎城にすぎない高松城が、逆に堂々としすぎたりしている。

この城は毛利家の属城だったが、三方が沼、一方が広い堀という攻めにくい地形だった。おまけに城兵の戦意も旺盛で、力攻めは難しいというので、黒田如水（孝高《よしたか》）の献策に従い、城の周辺に堤を築いて川の水を注ぎ込むという戦法が採用された。

このときの堤の規模については、いろいろな説がある。各種太閤記の走りである小瀬甫庵の『太閤記』では、基底部が幅一二間（約二二メートル）、頂上部が幅六間、総延長三里（約一一・八キロメートル）となっているが、のちにできた『絵本太閤記』になると、堤の幅は三〇間だが、延長は一里あまりと縮小してしまう。近年書かれたものは、三キロメートルないし四キロメートルとしているものが多いようである。

いずれにしてもたいへんな工事量だが、それをきわめて短い期間で仕上げたというのが、この話のミソである。六日で完成したという説もあるが、一般には、十二日間かかったとされている。十二日でもたいへんなものであるが、秀吉はたくさんの銭や米を用意して、これをすべて有償でやりとげたとされている。それやこれやで、さすが太閤様のやることはすごいということになり、江戸時代からずっと賞賛の的になっていた。

ところが近年、研究者のあいだから、これに疑問の声があがるようになった。籠瀬良明さんは、二百年も前に地元出身の地理学者・古川古松軒《こしようけん》が、このとき新たに築かれた堤は三〇〇メートルくらいであったと、図上で説明していることを指摘した。

古川古松軒は、現地をよく知っていたというだけでなく、実証的な学風で知られた人であり、鋭い議論をすることでも有名だった。そういう人だから、たんなる思いつきや憶測で言ったわけではあるまい。和歌山市立博物館の額田雅裕さんは、高松城以外の三城のケースも、古い堤防や自然堤防、微高地《びこうち》などを利用すれば、比較的容易に水攻めが可能であったことを明らかにしている。古松軒も、そういうことを言いたかったのだろう。

この水攻めを実際に体験した人、見た人の証言も残っている。このとき秀吉の下にいた佐柿常円という人は、秀吉は、一夜のうちに塀をかけ、五〇間（九〇・五メートル）ごとに櫓《やぐら》を設け、城兵の妨害に弓鉄砲で応戦しながら、塀の陰で作業を進めていったと、のちに語っている。障子に白紙を貼ったものを並べて白壁に見せかけたとも言っているが、これは、後年の小田原攻めのときにも使ったとされている手である。

常円は堤の規模についてはいっさいふれていないが、一夜で塀をかけたというのがほんとうなら、三キロメートルも四キロメートルもあったとは思えない。三〇〇メートルかどうかはともかく、一般に言われているところよりも、かなり規模が小さかったのだろう。

毛利の家臣・玉木吉保は自伝のなかで、秀吉の陣所に忍び込んでみたところ、五重の天守があったなどと、あまりほかの書物に見えないことを記している。山のない西南側にだけ大きな堤が築かれ、毛利の軍勢が向かってくる側には厳重な備えがされ、兵士が隙間もなく配置されていたとある。また、内側は大海のようになって、たくさんの船が運び込まれ、大小砲を城に撃ちかけていたともあるが、彼の場合も、堤の延長についてはふれていない。

8——「敵は本能寺にあり」と「是非に及ばず」

天正十年（一五八二）六月二日朝、京都市内に泊まっていた織田信長は、家臣・明智光秀の反乱で殺された。これがいわゆる「本能寺の変」というものだが、それは長らく光秀の〈単独犯行〉と理解され、疑う者はいなかった。ところが近年になると、じつは光秀には、背後で彼を操った黒幕がいたとか、共謀した者がいたとかいう説が次々と現れた。

いまでは、その種の説が何十通りもあって、量的には従来の単独犯行説を圧倒する勢いである。テレビドラマや歴史番組でも、そうした視点で本能寺の変を扱っているものが多いが、こうした説は、すべて空中楼閣《くうちゅうろうかく》にすぎない。くわしい説明をしている余裕はないので、興味のある方は、私と藤本正行さんが書いた『信長は謀略で殺されたのか』（洋泉社・歴史新書y）をご覧いただきたい。

そうした点は措《お》いたとして、映画やテレビドラマが本能寺を扱う場合、まず欠かすことのない定番的な場面がいくつかある。一つは、京都へ入ろうとするところで、光秀が「わが敵は本能寺にあり」と馬上で絶叫する場面である。もう一つは、光秀の謀反と知った信長が「是非《ぜひ》に及ばず」とつぶやいて、ひとしきり応戦したのち、自殺する場面である。《功名が辻》でも、ちゃんとそういう演出がされていたが、応戦ぶりはずいぶん派手だった。

結論から先に言うと、光秀が「わが敵は本能寺にあり」などと言ったことは、事実とは考えられない。信長が「是非に及ばず」と言ったかどうかはわからないが、仮に言ったとしても、その意味は、今日解釈されているところとはかなり違うはずである。

まず光秀の台詞だが、ある程度信頼できそうな史料で、そんなことを書いたものは一つもない。どうやら元禄年間(一六八八〜一七〇三)にできた『明智軍記』が、それに近いものを創作し、それを元にして儒者で詩人の頼山陽《らいさんよう》が広めてしまったものらしい。

江戸時代初期に書かれた「川角太閤記」では、今日からうちの殿様（光秀）が天下様になるから、一同勇み喜べという触れがあったとしている。使番《つかいばん》（伝令将校）たちが走りまわって伝えたというのだろうか。一方、光秀の重臣・斎藤利三の息子・利宗の遺談というものには、光秀が中級指揮官クラスの連中を呼び集めて、これから本能寺へ仕掛けると言い渡したとある。利三のような重臣たちとは、すでに協議がすんでいただろうから、それより下の幹部たちに、京都近くで伝えたということなのだろう。

かなりの年齢に達していたはずの光秀が馬上で絶叫したとも思えないし、したところで一説に約一万三〇〇〇いたと言われる全軍に徹底できるものではない。実際にも、末端の兵士たちには、信長を襲撃するという意図は十分に伝わらず、たまたま上京中だった徳川家康を討ち取りに行くのだろうと誤解していた者が少なくなかった。そういう点を考えると、さしあたり幹部たちを集めて告げたという所伝が正しいのかもしれない。

「是非に及ばず」については、かなり信頼度の高い『信長公記』にも出てくるが、これについては、非常に重い意味をこめて理解している人が多い。たとえば、こうなってはもはや仕方がないという諦観《ていかん》を示しているとか、生死を超越した潔《いさぎよ》い人生観を表したものだとかいう具合に重々しく解釈するのである。

本能寺信長公廟

そうかと思えば、光秀ほどの者が謀反を起こした以上、逃れようはないという意味だと具体的に解釈したりする。そこまで覚悟を決めながら、最後まで奮闘したのは、いかにも信長らしいという感想を述べた人もいた。しかし、こうした理解は深読みというか、ピント外れというか、明らかに信長の〈真意〉とは、かけ離れている。

『信長公記』によれば、この言葉に続いて信長のやったことは、手勢を集結させて応戦態勢をとることであった。決して腹を切る準備などにかかったわけではない。とすれば、とやかく言っていないで、とにかく切り防げという意味の発言だと考えたほうが状況に適している。江戸時代の書物にも、この言葉を取り上げたものがいくつかあるが、現代人のように感傷的にとらえるとか、そこで死ぬ覚悟を決めたとか理解しているような例はない。

本能寺にいた人数はわずかだったが、このとき京都には息子の信忠に従ってきた者たちなど、織田家の家臣が相当数いた。信長にしてみれば、その連中が駆けつけてくるまで防戦していれば、なんとかなると考えても不思議はない。

それより十数年前に、当時、信長の担いでいた将軍・足利義昭が、京都市内で敵の大軍に急襲されて同じような状況になったことがあるが、警護の武士たちが必死に切り防いでいるうちに応援がやってきて辛くも助かった。信長の脳裏には、そうした〈前例〉もひらめいたのかもしれない。

9——天王山と洞ケ峠

首尾よく信長を討ち取った明智光秀だが、十一日後の六月十三日、羽柴秀吉と京都郊外の山崎で戦って敗れ、その後、敗走中に殺された。本能寺の変が起きたとき、秀吉は、毛利家の属城備中高松城を水攻めにしている最中だった。いち早く情報をキャッチした秀吉は、何も知らない毛利家を欺《あざむ》いて講和を締結し、急遽、引き返してきたのである。

この山崎の戦いについて、むかしから必ず取り上げられるのが、天王山と洞ケ《ほらが》峠《とうげ》のお話である。ご説明するにも及ぶまいが、前者は、天王山の奪取に成功したことが、秀吉方の勝因となったというものである。後者は、ここに陣取って形勢を観望していた大和の筒井順慶が、秀吉方優勢と見て背後から明智勢を襲ったというものである。

天王山の争奪が山崎合戦の勝敗のカギとなったということは、小瀬甫庵の『太閤記』が最初に言い出した。甫庵は、桶狭間や長篠についてもデタラメなことを書きまくり、それがいまだに悪い影響を残しているという困った人である。その後、いろいろ尾ヒレがついて、黒田如水（孝高）は、この山を取ったほうが勝つから、そっちにつこうと密かに考えていたなどというとんでもない話まで生まれた。これでは洞ケ峠・黒田家版である。

しかし、確実な史料で天王山の争奪などにふれたものはないし、状況から考えても、それはありえないことだった。たしかに、この山の位置を見れば、これを取れば有利に戦えることは明白である。光秀のように軍事に練達した人が、その程度のこともわからなかったはずはない。それにもかかわらず、彼は、この山を占拠しようとはしなかった。

それはなぜかといえば、光秀側は兵力が不足していたので、戦線を縮小せざるをえなかったからである。そのため天王山を含む線で敵を防ごうという計画は捨て、もっと後方に引き下がった線で秀吉軍を阻止することにした。要するに光秀は、最初から天王山などあきらめてしまったわけで、争奪戦など起きるはずもなかったのである。

こういうことは、歴史学者の高柳光寿さんがとっくに指摘しているし、熱田公さんなど何人かの方も同じようなことを言っている。それにもかかわらず、いまだに山崎の戦いというと、天王山を持ち出す人が絶えない。甫庵の与太話《よたばなし》にだまされているのかもしれないが、秀吉軍の一部が実際にこの山に上がったことも関

天王山からの眺め

係しているのかもしれない。だが、これは要地だから取ってやろうとしたわけではない。あとからやってきた部隊が、前のほうが味方で詰まっているものだから、なんとか先へ出ようとそちらへまわっただけのことである。

天王山についてはそういうことだが、洞ケ峠の件は、さすがに肯定する人は少なくなった。この峠は、山崎の戦場とは淀川を隔てた対岸にあるが、筒井順慶がそこに登ったという事実はない。登ったのは光秀のほうである。そこで順慶の来援を待つとともに、圧力をかけるつもりだったのだろうが、やってこないので、仕方なく引き揚げたのが真相である。

順慶は、本能寺の変ののち、いったん光秀に協力する姿勢を見せたが、秀吉の動きなどを見て、態度を曖昧《あいまい》にしたのである。畿内の諸将には、同じような立場の連中が多かった。高柳さんも言っているように、秀吉が備中から引き返してくるのが遅れていたら、彼らは光秀のほうについたであろう。そうなったら、光秀の謀反は成功していただろう。

逆にいえば、「中国大返し」と呼ばれる秀吉の急速な東上の効果は、それほど大きかったということである。秀吉を讃える声が絶えないのも当然だが、それは多分にツキの産物だった。秀吉は、たまたま毛利家より先に本能寺の変報を入手することができた。毛利側とは、すでに講話の話も出ていた。それで信長が死んだことを隠したまま、毛利家と講和を結ぶことに成功したのである。

この点については、秀吉は、毛利家に真実を告げて正々堂々と和議を結んだという説がある。その結果、毛利家の応援も取りつけて、旗印などを借り受けたので、それが山崎の戦いで明智勢の戦意をくじく一因になったというオマケまでついている。いまだに、そんなことを取り次いでいる人もいるようだが、史料的に見れば真っ赤なウソである。

秀吉はまんまと毛利家をだましたが、毛利家もまもなく気がついた。すぐに秀吉を追撃しろという声も強かったが、結局、実行されずに終わった。秀吉側からすれば、これもずいぶん運のよい話で、だまされた相手が追いかけてこないなどというのは、当時の常識では考えにくいことである。こういうことが秀吉の大成功に直結した。

こんなことは、秀吉自身だって、あらかじめ計算できることではないし、まして光秀が予測できるものではない。本能寺の変後の光秀の対応のまずさを批判する人は、いまだに多いが、結果を知っている者は何とでも言える。実際には、光秀に落ち度があったわけではなく、高柳さん流にいえば、彼は運に負けてしまったのである。

10――石垣山の一夜城

天正十八年（一五九〇）、小田原（神奈川県小田原市）の北条氏を攻めた豊臣秀吉は、近くの山の上に陣城を築いた。これが石垣山の城だが、当時から、そういう名前の山があったわけではない。立派な石垣のある城ができたので、あとになってつけられた名称である。

大河ドラマ《秀吉》をやったとき、脚本に〝石垣山に城を築く〟といったような台詞があったので、時代考証の先生が慌てて直させたということだが、その種の誤りというのはけっこう多い。もっともひどいのは、秀吉の支配した時代を指す桃山時代の「桃山」だろう。あれは秀吉の築いた伏見城が江戸時代に廃城となり、その後しばらくして桃畑となったことによるもので、秀吉とはまったく関係がない。

ということで、「石垣山城」などという名称は、当時からのものではなく、何と呼ばれていたかはわからない。徳川家康の部下の日記に「石かけ（石垣）の御城」とあるが、これは立派な石垣を積んだ城というだけのことだから、固有名詞などなかったのかもしれない。

俗には「一夜城」と呼ばれているが、これも後世のものである。秀吉が白紙を貼って白壁のように見せかけたうえ、前面の杉林を切り払わせたので、それを見た北条方は、さては一夜で本格的な城を築いたのかと仰天したというお話から出ている。

　現実の築城には、八十日あまりが費やされているから、べつに白紙など貼らなくても、本壁を塗る余裕はあったはずだが、まったくの与太でもないらしい。また、秀吉のことだから、完成を待って杉林を切り払わせるくらいのケレン技は使ったかもしれない。

　この城は、俗称の「一夜城」から想像されるような仮拵《かりごしら》えの陣城ではなく、石垣を積み、複数の郭《くるわ》を構え、天守閣まで備えるという本格的な城郭のスタイルをとっていた。それを八十日あまりでつくりあげたとはたいへんなスピードで、どうやってそれが可能になったのか、興味がもたれるところである。だが、それ以上に気になるのは、なんでそんな本格的な城をつくる必要があったのかということである。

　これについては、いろいろな解釈が可能だが、だれしも考えつくのは、北条側の防備が固いので、長期戦を覚悟して、恒久的な城を構えたというものだろう。さらにいえば、秀吉としては、こうした城づくりをすることにより、何年でもがんばってやるぞという意気込みを、敵はもとより味方にもアピールしたかったのかもしれない。

天下取りが近づくにつれ、秀吉の戦いぶりには、〈見せる〉要素が大きくなっている。敵と実際に戦って打ち破る以前に、自分の軍事力や経済力を、当事者はもちろん第三者にまで見せつけ、格の違いで圧倒してやろうというようなところが目立つのである。

もっと単純には、秀吉自身の性癖ということもあったかもしれない。高松城の水攻めのところでふれた毛利の家臣・玉木吉保の目撃談によると、秀吉の陣所は、山陣とはいえ、高棟を多数つくり並べ、真ん中に「五重の殿主（天守閣）」まで設けてあったという。信長の一部将だったころから、そうだったのだとしたら、文字どおり天下様になろうとしていた秀吉としては、仮普請《かりぶしん》の粗末な陣所など、考慮の外だったのかもしれない。

ただ不可解なのは、北条側が手をあげるのが確実な時点になっても築城が続けられたばかりか、開城させた翌年になっても、まだ工事が行われていたことである。私も勤めていた神奈川県の歴史博物館の学芸員だった鳥居和郎さんによると、この点についてもいろいろな解釈が出ているそうである。しかし、彼も指摘するように、いずれも〝帯に短し、たすきに長し〟みたいなところがあって、はっきりした答えは見つからないらしい。

歴史には、本人に聞いてみなければわからないようなことがいくらもある。いや、聞かれた本人だって、なぜあのときあんな判断をしたのか、うまく説明できないことだってあるだろう。これも、そういうことの一つなのかもしれない。

11――勝つべくして勝った(?)関ケ原の戦い

関ケ原では、家康は勝つべくして勝ったとよく言われる。ここでいう「関ケ原」には、一連の事件全体を指す場合と、慶長五年（一六〇〇）九月十五日の一戦を指す場合がある。事件全体として見た場合には、家康と石田三成では格が違っていて、はじめから勝負にならなかったという意味をこめてそう言われることが多い。

当日の合戦に限った場合には、家康は、もともと野戦の名手だったので、西軍を野っ原に引き出したうえ、あらかじめ敵側に裏切り者をつくるなどの謀略を施したのだから、三成ごときが太刀打ちできるはずがなかったという意味でそう言われる。

通説がそうなっているせいか、ドラマや時代小説は、そういう観点でつくられているものが圧倒的に多いが、家康と三成では格が違っていたというのはそのとおりである。所領でいえば家康は二百五十万石近かったが、三成は二十万石足らずで、一族の領地や豊臣家から預かっていた領地を合わせても、足元にも及ばなかった。よく引かれるたとえだが、豊臣政権での家康が吸収合併された大企業の元オーナー社長で、現在も実力派の副社長といったような立場だったのに対し、三成はせいぜい本社の企画部長くらいのところだった。

これでは勝負になるはずもないから、家康の勝ちは、やる前から決まっていたようなことを言う人が絶えないのだが、それだけハンディがありながら、なぜ「天下分け目の一戦」というところまで行ってしまったのかを考えてみるべきだろう。理由はいろいろあろうが、三成にハンディを埋められるだけのものがあったことが大きかったはずである。

ついでに、二人の立場が逆だったらどうだったかということも想像してみてはどうだろうか。二百五十万石近い大大名で豊臣家大老だったのが三成で、二十万石足らずの側近大名だったのが家康だったら、秀吉の死後どうなっていたか。家康は、三成に対抗してやろうなどとは考えもせず、ひたすら平身低頭《へいしんていとう》していたにちがいない。

ここでは当日の合戦を中心に考えてみたいが、家康が野戦の名手だったというのは、後世つくられた〈神話〉のようなものである。大きな野戦で家康が快勝した事例というのは、長久手《ながくて》の戦い（一五八四）くらいしかない。このときは敵の失策に助けられた面はあるが、たしかにめざましい勝ち方をしている。それ以外は、長篠の戦い（一五七五）はもちろん、姉川の戦い（一五七〇）にしても、家康の手腕といえるかどうかは怪しいところがある。

逆に、三方原の戦い（一五七二）では、武田信玄に滅多打《めったう》ちにされて、大敗北を喫している。それでも、この戦いの場合、兵力が違っていたという言い訳の余地があるが、大坂夏の陣（一六一五）は、そうはいえまい。何倍もの兵力を集めたうえで野戦に持ち込みながら、真田幸村（信繁）たちに、本陣まで引っかきまわされて、危うく命を落とすところだった。

家康の野戦の腕前なんて、その程度のものだが、それがわからない人たちは、野戦を得意とする家康が大垣城に集まっていた西軍を関ケ原におびき出して決着をつけたなどと言いたがる。なかには、それは三方原で信玄にやられたところを応用したもので、そこが家康のエライところだなどとヨイショするような学者や物書きもいる。

しかし、藤井尚夫さんの『フィールドワーク関ヶ原合戦』（朝日新聞社）などの研究では、事情はまったく違う。大垣城に集まっていた西軍が関ケ原に転進したのは、にわかの思いつきでも、まして家康の計略に引っかかったからでもなく、予定の行動であった。三成たちは、あらかじめ野戦築城を施していて、そこに東軍を引きつけて戦ったのである。

このとき実際に戦闘に参加した兵力は、西軍が正味三万三〇〇〇くらいだったのに対し、東軍は七万五〇〇〇以上いたにもかかわらず、西軍の戦線を突破できず、膠着《こうちゃく》状態に陥ってしまった。長篠の戦いのとき、織田・徳川側の野戦陣地を突破できなかった武田勢は、敗退せざるをえなかったが、同じことが関ケ原でも起ころうとしていた。もちろん、織田・徳川軍の立場にあるのが三成たち西軍で、武田軍の立場にあるのが家康率いる東軍である。

こうした東軍の窮状を救ったのは、西軍に裏切り者が出たことであった。具体的にいうと、小早川秀秋が、突然、西軍を背後から襲ったのである。秀秋に引きずられて裏切った連中もいたから、寝返り組は、かれこれ二万にも及んだ。これで形勢は一挙に逆転した。

これほど鮮明なかたちではないが、毛利一族の吉川広家の不戦傍観《ぼうかん》というのも、勝敗を左右する大きな要因になった。彼は自隊だけではなく、事情を知らない毛利の本隊などを含む約二万八〇〇〇を釘づけにしてしまった。賤ケ岳の前田利家がそうだったように、戦うべき者が戦わないというのは、消極的な裏切りにほかならない。

じつは秀秋の寝返りも、広家の不戦傍観も、あらかじめ家康側との密約があってのものだった。それで、そういう手を打っておいた家康公はさすがにエライと〈家康信者〉の人たちは褒めちぎる。だが、ここで考えていただきたいのは、いくら約束したからといって、裏切りが確実に実行される保証など何もないということである。

現実にも、秀秋は午前八時ころ始まった戦闘が正午に及んでも、なかなか決心がつかなかった。広家にしたところで、事情を知らない連中をいつまでも引きとめておけるものではない。もし秀秋が裏切るのをやめて、西軍のために戦っていたら、西軍有利は動かなくなるから、広家も傍観は続けられなくなる。仮に、彼ががんばったところで、ほかの連中は勝利の分け前にあずかるべく駆け出してしまうに決まっている。

逆に、広家が押さえていた二万八〇〇〇が早々と参戦していたら、これまた西軍の勝ちは見えたようなものだから、秀秋も裏切りなどやめて、勝ち馬に乗ろうとしたに決まっている。

ということで、家康が謀略をめぐらしたのは事実にちがいないが、それは不確定要素だらけの話だった。そんな危ないことをアテにしなければならなかったのだとしたら、勝つべくして勝ったなどと言えるものではない。家康本人だって、そのくらいわかっていただろう。

こうしたことを含めて、関ケ原の家康の勝利には、結果オーライみたいな話が

関ケ原古戦場

多いが、それでも勝てたのは運がよかったというほかはない。学者先生などがそれを言わないのは、彼らには、ものごとをツキや偶然で説明することを恥じるような傾向があるからである。

だから、結果論などから無理にこじつけてでも〈合理的〉な答えを見つけ出そうと躍起《やっき》になるのだが、現実の歴史は、多分にツキや偶然で動いている。それを忘れると〝理路整然と間違える〟ような解釈に行き着いてしまう。

近年では、そうした理屈にも窮したのか、家康が西洋式の甲冑を着けて陣頭に出たのが勝因だったなどというトンデモ論を唱える人まで現れた。ＮＨＫの歴史番組でも取り上げられたから、ご記憶の方もおられるかもしれない。そんな珍説が成り立つものなら、石田三成の敗因は、西洋式甲冑を用意しなかったことだということにもなりかねない。

第四章
おかしな風景

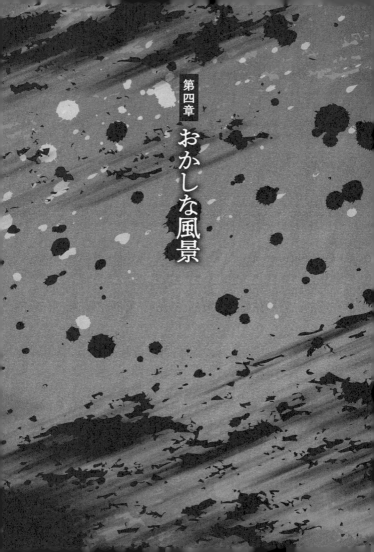

1——そうそう天下取りなど望まなかった戦国大名

戦国大名が上洛を果たすことを「都に旗を立てる」といい、それが天下取りと同じ意味であることはよく知られているが、これはたんなる形容文句ではない。京都の東山に法観寺《ほうかんじ》という寺があって、永享十二年（一四四〇）に再建されたという五重塔がいまも残っている。一般には「八坂の塔」として親しまれているが、地方から入京してきた大名は、ここに定紋《じようもん》入りの幕を張りめぐらすことによって、だれが新しい支配者となったかを人々に知らせたのだという。

なるほどと思うが、さて、それを実行した者が何人いるだろうか。永正五年（一五〇八）足利義稙《よしたね》を担いで周防《すおう》（山口県）から上洛し、十年間、京都を〈実効支配〉した大内義興《よしおき》、阿波（徳島県）から出て、長らく天下人とされた三好長慶、永禄十二年（一五六九）足利義昭を担いで美濃（岐阜県）から上がった織田信長の三人くらいしか見当たらない。

このうち三好長慶は、それ以前から軍隊を率いて京都に出たり入ったりしていたから、幕なんか張る必要はなかっただろう。信長以後にも、明智光秀、柴田勝家、豊臣秀吉、石田三成、徳川家康など天下を争った人間は何人もいるが、もともと京都を押さえていた織田政権、あるいは豊臣政権のなかにいた人たちだから、彼らの場合も似たようなものである。

幕を張ったかどうかはともかく、ここにあげたような人たちが天下をうかがったことは事実としてよいが、そのほかの人たちはどうだったのだろう。

これについては、通説のようなものがあって、戦国大名であればだれでも彼でも、一度は都を押さえようと志していたと言われている。そうやって地方大会で勝ち上がった者が中央に出ていって優勝を争うという、高校野球の全国大会のような感覚で戦国争覇を見ていたのである。

八坂の塔

そうした見方は、ずいぶんむかしからあって、小田原北条家に仕えた三浦浄心という人は、自分が生まれた永禄年間（一五五八〜七〇）以降、天下に望みをかけた大名が二二人いたと記している。だれのことかは言っていないが、そもそも、それはほんとうだろうか。

これまで通説的に言われているところでは、今川義元、武田信玄、上杉謙信の三人などは、間違いなく天下取りをめざしたことになっている。おそらく浄心も、二二人のうちに数えているだろう。しかし、今川義元については、前章の桶狭間のところで見たとおりである。「都に旗を立てる」気があったかどうかは、本人に聞いてみなければわからないが、永禄三年（一五六〇）に尾張へ向かったときには、明らかに上洛の準備などしてはいなかった。

武田信玄が生きているうちに天下を取ってやろうと上洛を考えていたことは、同家の史料『甲陽軍鑑』にある。信玄の遺臣たちの談話などを見ても、天下取りに向けて着々と手を打っていたことがうかがえる。ただ、最後の軍事行動となった元亀三年（一五七二）の西上作戦が、ただちに上洛をめざしたものであったかとなると、意見は分かれる。もうワンクッションあったのではないかと見る人も多いが、私もそんな気がしている。

信玄の好敵手・謙信も、上洛を志したとされ、天正六年（一五七八）に急死する直前に準備していた軍事行動も、そのためのものと解されることが多かった。信長が謙信をひどく恐れていたというような話もあるので、余計に信じられやすかったのだろう。だが、近年の研究では、これは関東出兵のためではなかったかという意見が強くなっている。

謙信は元の主家から上杉の名字と関東管領のポストを譲り受けている。そんなポストは虚名だといえばそれまでだが、謙信の性格からすれば、まず関東を制覇しようと考えるのがスジだろう。そのあと上洛を志すかどうかは、また別の問題である。

明らかに上洛、つまり天下取りなど志さない者も大勢いた。〈中国王〉毛利元就もその一人で、彼は子孫にも天下など望むなと言い残している。三浦浄心は、自分の故主・北条氏康なども、天下をうかがったと考えているようだが、この家にも、そういう気はなかった。むしろ東国の大勢力であることに満足していた。

九州の龍造寺《りゆうぞうじ》、大友、島津、四国の長宗我部《ちようそかべ》、奥州の伊達など、大勢力を築きながら、天下を望んでいたとは思えない家も多い。それぞれ地域の制覇に忙しくて、そんな余裕はなかったということもあろうし、伊達家のように大きな勢力となったときには、天下の形勢が固まりかけていたというケースもある。

長宗我部家などは、四国で独立勢力を築ければ、あとは中央政権とよろしくやっていけばよいと考えていた。そのため信長との衝突を避けようと、ずいぶん神経を遣っているが、信長のほうが許さなかった。北条家も氏康の息子の氏政が豊臣秀吉と争って敗れたが、似たようなところがある。自分たちが積極的に仕掛けないかぎり、相手も何もしないと思っていたのに、秀吉の襲来を受けてしまったようなものである。

天下に手をかける機会がありながら、自分のほうで手を引っ込めてしまったような例もある。信長が死んだときや関ケ原のときの毛利家もその気味があるが、これは元就の遺訓のせいなのかもしれない。もっとはっきりしているのは、越前の朝倉家だろう。足利義昭の依頼を受けながら、当主の義景は上洛を望まず、義昭はやむなく信長の下へと去った。それで信長に先を越されてしまった。

2――金銭を軽蔑しなかった戦国の武士たち

戦国時代を扱ったドラマや小説には、当時の武士たちがぞろぞろと出てくる。それは当たり前だが、問題はその描き方である。現代調でやるなどは論外だが、〈古風〉にやっているつもりで、そうなっていない場合が多すぎるのではなかろうか。

それはどういう意味かというと、江戸時代につくられた戦国武士像が、あたかも戦国当時の実態であるかのように通用しているということである。戦国の武士と、江戸の武士ことに江戸中期以降の武士とでは、同じ武士とはいっても、価値観や生態がまったく違うところがある。ところが戦国時代のことを書いた書物は、圧倒的に江戸中期以降のものが多い。そのため、そのころの感覚で描かれた戦国武士像が流されやすい。

一つの例として、江戸の武士たちは、金銭など卑《いや》しんで手を触れようとしなかったとか、ソロバンのことなど口にもしたがらなかったというようなことがよく言われる。江戸時代にはある程度、実感されていたことかもしれないが、戦国の武士はどうだったのだろうか。

上杉家の重臣で謙信・景勝二代に仕え、大河《天地人》の主人公にもなった直江兼続《かねつぐ》という人がいた。陪臣《ばいしん》（大名の家来）でありながら、大名たちにも憚《はばか》られ、豊臣秀吉などにも高く評価されていた人である。

この人についてよく知られた話がある。秀吉時代のあるとき、諸大名が集まった席で、伊達政宗が新しくできた金貨を懐《ふところ》から出して一同に見せた。みな珍しがって手に取って見たが、それが末座にいた直江のところへまわってきた。彼は扇子を少し開いて金貨を受けると、子どもが羽根つきでもするように、ポンポンと打ち返しながら見た。

政宗は「アイツ陪臣だから、大名たちに遠慮しているのだろう」と推量し、かまわないから手に取って見るがよいと声をかけた。すると直江は、自分は上杉家の先手を務めて采配を手にする身であるから、こんな卑しいものは手に取れないのだと答えた。そのまま扇子をあおって金貨を投げ返したので、政宗も赤面したという。

戦国武士だって、金銭を卑しいものと見ていたことを示す格好《かっこう》のお話といえそうだが、残念ながら、これは根も葉もない完全な創作である。彼らに金銭を軽蔑するなどという感覚はまったくなかったからである。というより、金銭をバカにしていたら、戦争などできるものではないから、そんな非現実的な感覚などもちようがなかったのである。

武器・弾薬や兵糧を調《ととの》えるにしろ、従者を雇うにしろ、土木・建築工事をやるにしろ、金銭抜きではどうにもならない。金がなくては、出陣できないといったことも起こりうる。また、武士たちの功名に酬《むく》いる場合でも、いちばん喜ばれる土地はそうそうやれないから、金銀が重宝された。馬や刀剣などを与えることもあったが、それを集めるにもやはり金銀が必要だった。

もちろん、彼らはソロバン勘定にも抜け目はなかった。石田三成や増田長盛《ましたながもり》のような、いわゆる〈文治派〉が計数に明るかったことは有名だが、若いころから実戦派で鳴らした前田利家も鎧櫃《よろいびつ》にいつもソロバンを入れて持ち歩いていて、現物も残っている。徳川家康などは、計算そのものはあまり上手でなかったというが、経理にはうるさく、大御所となったのちも、自分で年貢の受取状を書くこともある細かさだった。

高柳光寿さんによると、もともと武士は金銭を卑しいものと見ていた（はずだ）などという考え方が出てきたのは、やはり江戸時代中期以降のことだという。儒学の普及にともなって、貧乏儒者どもが負け惜しみでそんなことを言い出したものらしいが、戦国時代の実態はまったく逆だったのである。

直江の故主・上杉謙信は、精神主義的傾向の強かった人だが、それでも金銭を手にすることがなかったなどという話は伝わっていない。その好敵手だった武田信玄にいたっては、甲州金という独自の金貨をつくらせ、戦功のあった者たちに、みずから掬《すく》っては与えていたという。采配を取る手で金銭に触らないどころの話ではない。

秀吉ともなると、大坂城の天守閣に金銀を入れた箱を積み上げて、来客などに見せびらかした。ガスパル・コエリョやフロイスのような宣教師たちや大友宗麟《そうりん》なども、それを見せつけられている。見せただけではなく、派手なバラマキもやっている。金銀を山と積んで、諸大名はもとより公家衆や皇族にまで配り与えた「金賦《かねくば》り」と称するイベントがそれである。一同ありがたく頂戴したらしく、お話のなかの直江兼続のように投げ返すヤツなどいなかったようだ。

3――「二君に仕えず」という観念はなかった

近年「武士道」がもてはやされているが、そこで言われているようなことは、江戸時代になって儒教がさかんになってから出てきたもので、戦国時代の感覚とはかけ離れている。武士道という言葉自体が、江戸時代に入ってからつくられたものである。たとえば、忠義というような観念は戦国時代にもあったが、内容がまったく違っていた。

ひと言でいえば、家来は、なにがなんでも主人に対して忠義を尽くさなければならないといった考え方は、戦国時代にはなかったし、それ以前にもなかった。忠義を尽くすとすれば、主人から恩恵を蒙《こうむ》っている場合である。つまり、江戸時代製の武士道にいう忠義が一方通行だったのに対して、それ以前の忠義は、給付と反対給付の関係であった。

そういうことだから、戦国時代の武士たちには「二君に仕えず」などという観念はまったくなかった。彼らは、主人が理不尽《りふじん》なことをすると思えば抵抗したり、さっさと退散したりした。理不尽なことをしなくたって、自分のほうで気にくわないとか、もっと高い評価をしてくれる人がいるとかいうことになれば、やはり退散した。世間も、そういう行動を非難するようなことはしない。むしろ、喝采を送ったりすることさえあった。

このへんも前節でふれた戦国までの武士と江戸の武士との違いというものだが、実例をもって見てみよう。むかしから講談などでおなじみの可児才蔵《かにさいぞう》という豪傑がいて、最初、生国美濃の斎藤龍興《たつおき》に仕え、その後、柴田勝家、明智光秀、織田信孝、羽柴秀次、前田利家、福島正則と渡り歩いた。計七回主人を替えたわけだが、私の知るかぎりでも、その上をいくようなのが何人かいる。その一人の九鬼広隆《くきひろたか》の例で説明したい。

広隆は、伊勢（三重県）の生まれだが、母方の縁者である隣国志摩（同）の水軍の大将・九鬼嘉隆の養子となった。最初、嘉隆とともに織田信長に仕えたようだが、その後、信長の三男・信孝、桑山重晴、池田長吉、加藤清正、黒田長政、小早川秀秋、藤堂高虎、徳川頼宣《よりのぶ》という具合に主人を替えている。信長から数えれば計九人である。

信長から信孝への転仕は命令によるものかもしれないが、それ以外の理由は、本人の遺談から明らかな場合もあるし、何も説明のない場合もある。はっきりしている場合でも、なるほどもっともだというのもあれば、あまりスジが通っているとは思えないものもある。

織田信孝の死後、浪人していた広隆に声をかけてくれたのが、旧知である紀伊和歌山の桑山重晴だった。そこを立ち退いたのは、広隆の住む家で火事を出したことがあり、迷惑をかけたからである。これと似たようなことはいまでもあるが、それなりに理屈は通っている。

次の池田長吉のところでは、これという役職もなく、いわゆるお咄衆《はなししゅう》といったものだったらしい。ところが、あるとき城下に大水が出て、長吉以下、侍たちはもちろん町人なども総出で土俵を担いだが、広隆は出なかった。自分は無役の身だからそんなことをする必要はないという理由だが、長吉は腹を立てて「奉公構え」、つまり勝手に他家へ仕官できないようにしてしまった。

この件などは、理屈は理屈として、いささか常識外れではないかと思えるが、本人が、その点を〈反省〉した様子はない。ただ、「奉公構え」には参ったと見えて、賤ケ岳七本槍の一人・平野長泰に口をきいてもらって、やっと解除された。

加藤清正のところでは、功名も立てたが、二千石あまり与えられ、清正の姪ももらっている。それでも朝鮮役ののち、加増の沙汰《さた》がなかったのを不満として飛び出してしまった。清正にしてみれば、朝鮮出兵は無駄働きのようなもので、彼自身が儲かったわけではない。だから、無い袖《そで》は振れなかったのかもしれないが、広隆は、そうは考えなかったのだろう。

黒田長政に仕えた経緯はわかるが、なぜ出たかの理由はわからない。小早川家のほうが条件がよかったというだけかもしれない。黒田家での知行は不明だが、小早川家では三千石もらったという。藤堂高虎には千石で仕え、大坂夏の陣では高虎はもちろん、徳川家康にも褒められて、三百石の加増もあったが、そこもなぜか浪人している。

そのあとも諸家から口がかかり、ことに加賀の前田家は三千石でどうだと言ってきたが、加賀は寒いからとかなんとか言って断った。九鬼嘉隆の息子の守隆も、千石やるから気楽にやらないかと声をかけてきたが、結局行かなかった。七十三歳のとき、無役、つまり義務なしに千石やるという条件で紀州徳川家に仕え、九十一歳で死んだ。

本人の話だからどこまでほんとうかわからないところもあるが、こうした経過を眺めていると、この時代の主従関係なんて、なんとも適当なものである。少なくとも、江戸中期以降に固められた儒教的な厳格さとか形式性など、まったく見当たらない。

4――百姓＝農民ではない

大河ドラマにも戦国時代の農民や農村がしばしば現れるが、正面から取り上げることはあまりないし、描写も通り一遍《いっぺん》の感じが否めない。

なんといっても、それを鮮明というか鮮烈なかたちで取り上げたのは、黒澤明監督の『七人の侍』であろう。あの作品から、当時の村や農民へのイメージをつくりあげている方は多いのではなかろうか。そう勝手に考えて、まず『七人の侍』を素材にして、この問題を考えてみよう。

結論から言ってしまうと、『七人の侍』という作品は、映像としては、きわめて優れたものがあったが、設定には無理がありすぎた。たとえば、侍と農民は身分・階級が違うかのように描写されていたが、それは江戸時代の感覚である。戦国時代までは、武士と農民の違いは、身分・階級というより職業の相違といったようなものであり、両者の境界も曖昧《あいまい》だった。兵農未分離《へいのうみぶんり》と言われるようなゴチャ混ぜ状態がずっと続いていたのである。

映画のあの村にはいなかったが、たいていの村には地侍などと呼ばれる、士とも農ともつかない者がいた。兵農分離が行われて、そういう者が士のほうに組み入れられると城下に移ってしまうから、村には農民ばかりが残る。『七人の侍』は、そうした状況を描いたつもりかもしれないが、兵農分離は、信長や秀吉のような〈先進的〉な支配の下で進んだ。そのようなところでは、怪しげな野武士集団などがいつまでも出没できる余地はない。

農民たちが武器を隠しもっている場面もあったが、彼らが地侍に従って戦場に出たり、武家奉公したりすることは珍しくなかった。ときには、もっと上の領主から動員がかかることもあった。徳川家康などは、天正十二年（一五八四）ころ、弓、鉄砲または槍を持参して出てこいと農村の成人男子を根こそぎ動員しているし、小田原の北条家なども、それよりのちに似たようなことをやっている。農民が武装していたのは、当たり前の話だったのである。

あの作品でもそうだったが、農民は「百姓」と呼ばれていて、江戸時代になっても、その点は変わらない。たしかに百姓という言葉は、戦国時代の文献にも頻繁に出てくるし、それが農民を指していることもある。ただ、必ずしも百姓＝農民ではなかったことに注意しておく必要がある。概していえば、百姓∨農民である場合が多いし、明らかに百姓≠農民である場合もないではない。

じつは、この点は、網野善彦さんがずっと主張されてきたところである。網野さんは、本来「百姓」とは農耕民だけではなく、多くの非農耕民を包含するものだったことを史料によって裏づけられた。それは江戸時代においても変わらない。私も戦国時代の史料を読んでいて、百姓＝農民と解釈しては、どうもツジツマが合わない思いをしたことがあって、網野さんにお会いしたとき、いろいろ教えていただいたことがある。

教科書にも出てくるから、ご存じの方も多いだろうが、戦国時代の加賀（石川県）は「百姓ノ持タル国」のようになったという。これは「実悟記拾遺」という史料に出てくるものだが、一般にこの「百姓」は、イコール農民と理解されている。その当否はちょっと措《お》くとして、これほど有名ではないが、「百姓持に仕《つかまつ》りたる国」と書かれた地域がある。

それは戦国時代の紀州雑賀《さいか》のことで、同時代人である阿波の二鬼島道智という人の「昔阿波物語」にそう書かれている。雑賀というのは、紀ノ川の河口付近を中心として現在の和歌山市の大部分と海南市の一部を合わせた地域である。当時、紀州と阿波は何かと関係が深かったので、道智も雑賀に関する情報に明るかったのである。

この当時、雑賀地域を仕切っていたのは雑賀衆と呼ばれる集団だった。彼らは大量の鉄砲と多くの船をもち、一向宗徒、つまり本願寺の門徒が多かったことで知られている。そのため信長と本願寺が戦ったときには、本願寺側の主力として働くことが多かったし、各地で傭兵活動をした事例も少なくない。

この雑賀衆については、農民集団のように理解されているケースが多い。ほんとうにそうであれば、道智の言う「百姓持に仕りたる国」は、そのものズバリの形容ということになるのだが、たんなる農耕民の集団が鉄砲や船をもって、戦争して歩いたりするだろうか。

そこで調べてみると、彼らの実態は、国人とか地侍とか呼ばれる在地の土豪たちであった。当時のことだから農民的要素があったことは事実だが、あいにく雑賀の中心部は、農業適地でなかったので、それに依存できなかった。そのため交易業、漁業、海運業、傭兵業などいろいろな〈職業〉に就いている。じつは、百姓持云々と言った道智自身が、紀ノ川の河口付近の連中を指して、はっきり「商売人」と形容している。彼も百姓＝農民とは考えていなかった。

おもしろいのは、道智によって「百姓」とも「商売人」とも言われた一人が残した覚書に、ほかの地域の連中を「百姓」と形容している箇所があることだ。よく読んでみれば、それも〈在地の連中〉という程度の意味であって、べつに相手を農耕民と考えているわけではない。

こうして見れば、加賀の「百姓ノ持タル国」も似たようなものではないかと思うが、まだそういう解釈はなさそうだ。ただ、百姓は必ずしも農耕民のことではないという網野さんの主張はしだいに受け入れられているようだから、そのうちに変わるかもしれない。

5――めったに使われなかった実名

大河ドラマを見ていて気になることの一つに、登場人物がやたらに相手を実《じつ》名《みょう》で呼ぶことがある。実名というのは、織田上総介信長の「信長」、木下藤吉郎秀吉の「秀吉」のことである。台詞のなかに「信長様」だの「秀吉殿」がしきりに出てくるが、現実の会話では、絶対にありえなかったことである。

なぜそうかといえば、他人、ことに目上の人間を実名で呼ぶというのは、このうえもなく失礼なこととされていたからである。そうなった理由はいろいろ考えられるが、ここでは立ち入らない。こうした風習は、お隣の中国でも古くから存在していた。

とにかくそういうことだから、「様」をつけようが「公」をつけようが許されるものではない。もし、家臣などがそんな真似をしたら、軽くても閉門か追放くらいは免れなかったと思うが、そんなことをするヤツは、そもそもいなかっただろう。

それでは、目上はいけないが目下ならよいかということになるが、それも憚《はばか》られたようだ。源頼朝の息子の頼家は、よくいえば闊達《かったつ》、悪くいえば無思慮な人間だった。それで一族縁者まで含めて、しばしば実名で呼んだらしく、恨みを抱く者が多いというので母親の政子にきびしくたしなめられている。目上からやられるのであっても、実名を呼ばれるほうは、きわめて不愉快だったのである。

ついでにいうと、天皇でも臣下の実名を呼ぶことはまずなかったという。明治天皇は、土方久元《ひじかたひさもと》であれば「土方」とは呼ぶが、決して「久元」と呼ぶことはなかったというのが、本人の談である。同じことは公家の東久世通禧《ひがしくぜみちとみ》も語り残している。明治天皇の父の孝明天皇にも同様の話があるから、よほど古い時代は知らず、天皇といえども他人を実名で呼ぶことは避けたのである。

それでは現実には、どう呼んでいたかというと、そのために通称がある。木下藤吉郎秀吉なら「藤吉郎」がそれである。実名は通常、成長後でなければつけないし、身分の低い者はそもそもたないが、通称はだれにもあるから、その意味でも便利である。子どもには幼名がつけられることもあるが、これも通称の一種である。秀吉の幼名が「日吉丸」だったというのはマユツバだが、信長なら「吉法師」である。

余談だが、大河ドラマ《太平記》ではおかしな場面があった。幼い足利尊氏・直義兄弟に向かって父親が「又太郎、直義」と呼びかけるのだ。尊氏は通称、又太郎だからそれでよい。だが、兄を通称で呼んで弟を実名で呼ぶことはないし、そもそもまだ直義という名もついていなかっただろう。直義の通称は不明なので、苦肉の策だったらしいが、それなら固有名詞など出さずに「お前たち」とでもやっておけばよかったのだ。

成長後には実名のほか、官名がつく場合がある。そうなると通称ではなく、こちらで呼ばないと、また別の意味で失礼である。秀吉の例でいうと、筑前守から始まって参議、権大納言《ごんだいなごん》、内大臣、太政大臣、関白と成り上がり、最後は関白を引退して太閤となった。そのため当時はもちろん後世まで、「太閤」と呼ばれている。もっとも死後は本人の希望で神様となって「豊国大明神《とよくにだいみょうじん》」となったから、正確にはそう呼ぶべきなのだろう。

豊国神社（京都）

　通称も変わることがあるが、官名も変わりやすいから、いちいち間違えずに追っかけるのはたいへんである。また、同じ通称や官名をもった人間が複数いることも珍しくないから、その仕分けもひと苦労である。そういったことは当時の文献を見ていても、よくわかる。

　したがって、テレビドラマでそれをリアルにやろうとしたら、面倒くさくてかなわない。そもそも視聴者が混乱するだろう。そのためには「信長様」「秀吉殿」もやむをえないのだが、事実はそうではなかったということは、理解しておいていただきたい。

明治天皇の逸話からもおわかりのように、実名を呼ぶのを避ける風習は、江戸時代以降もずっと続いていた。幕末、紀州の藩士だった堀内信《ほりのうちまこと》という人の言うところによると、官つまり幕府や藩から藩士を呼ぶ場合であっても、実名が使われることはなかったという。また本人のほうも、一定の公文書とか起請文《きしょうもん》を書くような場合を除けば、実名を用いる機会などめったになかったということである。

それでも自分の実名を忘れるヤツはいなかっただろうが、こんな具合だから、他人の実名など親しい人間でも忘れてしまうようなことが起きた。明治五年（一八七二）、戸籍というものをつくったとき、西郷隆盛はたまたま不在だったので、友人が代わって手続きをとった。それはよいが、間違えて西郷の父親の名を届けてしまった。西郷のほんとうの名は「隆永」だったというのだが、親しい友人ですら憶えていなかったのである。

6 種子島に初伝したわけではない（？）鉄砲

鉄砲が、天文十二年（一五四三）はじめて大隅種子島《おおすみたねがしま》に伝来したというのは、定説中の定説といったようなもので、教科書から歴史事典の類まで、必ずそう書いてある。もし試験の答案にこれと違うことを書いたら、間違いなく零点をつけられるだろう。

それでも近年は反対説も出てきて、不動の定説もかなり怪しくなってきたが、もともと、かなり異論はあった。ただ、天文十二年伝来という思い込みがあまりにも強すぎたうえに、そういう異論を唱えている文献の多くが江戸時代のものであったため、まともに相手にされることがなかったのである。

しかし、同時代の史料のなかにも、注目すべきものはいくつかある。たとえば、応仁の乱の始まる前年の文正元年（一四六六）七月、足利将軍を訪れた琉球（沖縄）の人が、退出の際に「鉄放」を放って京都の人を驚かせたと相国寺の坊さんの日記に出ている。また応仁二年（一四六八）十一月、東軍の陣営で「火槍」を見たことが別の坊さんの日記にある。

それらにいう「鉄放」「火槍」は、種子島に伝来したとされる火縄銃とは違って、もう少し原始的な手砲のようなものだったかもしれないが、鉄砲の一種であったことは間違いない。だが、これまでの学界では、爆竹の類だろうとか、言葉のアヤだろうとか解釈されることが多かった。決め手になる物証もないので、定説に逆らうことを避けたのである。

ところが近年になって、沖縄で「火矢」というものが何点か発見された。いずれも鉄製の管を二本ないし三本束ねたものであり、長い柄をつけて操作したものと思われる。筒口から火薬と弾丸を押し込み、筒の末端近くに設けられた小孔《こあな》から点火する仕組みである。これらがどこでつくられたかは不明のようだが、同様のものはヨーロッパにも中国にもある。

もっともこれだけでは、好事家《こうずか》がのちに持ち込んだとも言われかねないが、沖縄県下にある城（グスク）からは、鉄弾、銅弾と併せて石弾や土弾も出土している。また、こうした火矢のために設けられたと見られる銃眼を備えた城もいくつかあるという。

これらの沖縄の城というのは、十四世紀ころから築かれはじめ、一五二六年ころには使命を終えたとされている。とすれば、種子島に伝来するよりもっと早い時期から、一種の鉄砲が導入され、かなり普及していたことが明らかである。

あるいは、当時の沖縄は日本の内ではないから、種子島初伝説は覆らないという意見もあるかもしれないが、これによって、文正元年に沖縄の人が持ち込んだ「鉄放」が、花火や爆竹の類などではなく、鉄砲の一種だったことが裏づけられるだろう。応仁二年の「火槍」にしても、それが沖縄経由で入ったかどうかはともかく、その時点で手砲が存在したとしても、いっこうに不思議はないということになる。

そういう目で文献を読みなおしてみると、種子島伝来以前に鉄砲が使用されていたことをうかがわせる記事がいくつかある。たとえば、伝来の一年前の天文十一年（一五四二）、出雲（島根県）の赤穴《あかな》城で中国製ではないかと見られる鉄砲が使用され、何人かの負傷者を出している。これは石弾を発射するものだったらしいが、鉄砲の仲間であることに変わりはない。

火矢
（沖縄県立博物館・美術館蔵）

この件については、種子島初伝説

にこだわる学者のなかには、それ以前に鉄砲が使われるはずはないから誤伝だと言った人もいる。だが、これは逆立ちした議論というもので、そういうことを書いた史料にぶつかったら、初伝説のほうを疑ってみるべきだろう。

こうなると種子島伝来説には、どういう意味があるのかということになるが、注目すべき点が二つあると思う。一つは、これを契機に鉄砲の国内生産が始まったと見られることである。それまでの手砲などには、これをコピーしようとした形跡はあまり見られない。種子島伝来のものをモデルとして鉄砲がつくられたことは、「種子島筒」と呼ばれる鉄砲が早い時点からあったことからもうかがえるが、その後、これは鉄砲の代名詞のようにもなった。

もう一つは、このとき種子島に渡ったのは、その時点では、もっとも進んだタイプの火縄銃ではなかったかということである。それまでの手砲などとは、比較にならない質の差があったにちがいない。それだからこそコピーする気になったのであろう。

このタイプの火縄銃は、あれほど工夫好き、改良好きの日本人も、基本的なところでは何も手を加えることなしに、三百年以上使われつづけた。その間、ヨーロッパでは一六三〇年代ころから、燧石《ひうちいし》と鋼鉄をぶつけて発火させる燧石銃《すいせきじゅう》が軍用銃として定着しているが、わが国では幕末まで使用されなかった。

太平続きで軍事的関心が乏しかったからとか、幕府が新しい技術を嫌ったからだとか言われるが、必ずしも、そうとは言いきれない。燧石銃は、火縄銃にくらべて操作が容易で速射には向いていたが、命中精度という点ではかなり劣っていた。どちらを選ぶかは二者択一的なところがあり、ヨーロッパは速射、わが国は命中精度を選んだのである。

7――竹槍・筵旗で一向一揆が勝てたはずがない

映画やテレビドラマでは、ときどき一向一揆《いっこういっき》の姿が描かれる。演出はだいたい決まっていて、蓑笠《みのかさ》をつけるか、あるいは布子《ぬのこ》一枚で竹槍などを引っ提げ、筵旗《むしろばた》を押し立てている。千葉県佐倉市にある国立歴史民俗博物館の一向一揆のコーナーにも、これが織田信長と戦った一揆の姿だといって、そんな絵が掲げてある。

ということは、それが学者を含めた日本人の、一向一揆に対する共通的なイメージなのかもしれない。

一向一揆というのは、一向宗徒、つまり浄土真宗本願寺派の門徒が中心になって起こした一揆である。ほかの宗派も一揆を起こした例がないではないが、一向宗がもっとも顕著で、一向一揆といえば宗教一揆の代名詞みたいになっている。

この一向一揆には、戦国の諸侯も大いに苦しめられた。信長などは、その最たるもので、本願寺との戦いは二度の休戦をはさんで前後十一年におよび、彼の天下統一プランは、すっかり狂ってしまった。宣教師のコェリョは、信長の死ぬ数カ月前に出した報告のなかで、本願寺の坊主どもがいなかったら、彼はとっくに日本全国の主となっていたと言っているが、坊主が戦ったわけではないから、一向一揆という意味にとるべきだろう。

一向一揆がみなさんのイメージしているようなものであったとしたら、信長は竹槍・筵旗の連中に勝てなかったことになるが、それはほんとうだろうか。信長といえば、近代的な兵農分離の軍隊をつくったとか、大量の鉄砲を駆使する斬新な戦術で天下無敵と言われた武田騎馬軍団すら打ち破ったとか、やたら持ち上げられている人である。竹槍しか持っていない一揆勢など、ひと捻《ひね》りにしてしまったらよさそうなものではないか。

ところが現実の信長は、その一揆勢相手に大苦戦しなければならなかった。その矛盾を説明しようとして、一向一揆の信仰心の固さや団結力の強さに勝てなかったなどと言う人も多い。だが、信仰心や団結力があれば、竹槍で戦争に勝てるというなら苦労は要らない。日本も、この前の大戦であんなに惨めな負け方をすることはなかっただろう。

結論からいえば、竹槍・筵旗のイメージで一向一揆をとらえようというのが間違いなのである。もちろん一揆のなかには、そうしたイメージどおりの人たちもいなかったわけではない。信長が本願寺との緒戦に失敗して京都に引き揚げるとき、そうした一揆勢が待ち受けていたことがあるが、信長のほうは簡単に蹴散らして通ってしまった。竹槍・筵旗では、浮き足立って撤退を急ぐ軍隊にすら抵抗することができなかったのである。

信長と本願寺の戦いで大きな役割を果たした集団に、紀州の雑賀《さいか》衆がある。彼らは全員が本願寺の門徒だったわけではないが、本願寺側に立って戦う場面が多かった。宣教師ルイス・フロイスの報告にも、本願寺の法主がもっとも頼りにしていたのが雑賀の兵士だったとある。実際、本願寺も彼らの戦闘力にすべてを託しているようなところがあった。

この雑賀衆は、もちろん布子一枚で竹槍を携えたような者たちではなかった。それどころか大量の鉄砲を保有して、それを利用することにも長《た》けていたし、たくさんの船ももっていた。信長がたびたび苦杯をなめることになったのも、当然といえば当然だった。雑賀衆以外に本願寺側に加わった門徒土豪の集団などにしても、かなり鉄砲などを装備していたことは明らかで、竹槍・筵旗のイメージとはほど遠い。

ついでにいうと、大河ドラマでは、本願寺の〈僧兵〉を出すことが多い。《太閤記》でも、坊主頭の連中が衣の袖をたくし上げて、槍をとって駆け出す場面があったし、その後も弁慶みたいな格好をした者たちが現れている。お寺だから僧兵がいて当たり前と思っているのかもしれないが、それはとんだ勘違いである。僧兵がいたのは、南都仏教とか天台宗、真言宗など、いわゆる旧仏教系の寺院で、鎌倉以後の新興仏教の宗派にそんなものはない。

本願寺にも僧兵などはいなかったから、「番衆《ばんしゅう》」と称して、諸国の門徒を呼び寄せて本山の警備に当たらせた。信長との戦いのとき雑賀衆などが参戦したのも、その延長線上にある。新興仏教では、本願寺派以外にも、法華宗（日蓮宗）など武力闘争をやった宗派もあるが、いずれも僧兵など抱えていなかったことは同様である。

8──戦国の馬はみなポニーだった？

映画やテレビドラマで戦国合戦を取り上げる人たちが、どこまでリアルにやろうと思っているかは疑問だが、本気でやろうとした場合、もっとも難しいのは馬の問題ではあるまいか。そもそも当時の日本馬の子孫を容易に集められないだろう。そうなると外来系の現代馬を使わざるをえなくなるが、これは馬の種類が違うというだけでなく、大きさが違う。

むかしの日本馬の大きさがどれくらいのものであったかは、高さ四尺（約一二一センチメートル）を標準としていたことを見てもわかる。四尺を超えると一寸《き》、二寸……と数えたが、一〇寸（五尺）に達する馬などまれであった。天正十年（一五八二）、奥州から信長に贈られた馬は「たけ十キ八分」（五尺八分＝約一五四センチ）あったと、徳川家康の家臣が記したものにあるが、これなどは特別の部類に属するだろう。

ちなみに、この「たけ十キ八分」を一〇尺八分（約三〇五センチ）の馬だと説明していた人たちがいるが、そんな梯子《はしご》をかけなければ乗れないような馬などいるものではない。

一般的にどの程度の大きさだったかは、いろいろな記録からも推測できるし、発掘された骨によって確認することもできる。それらによれば、古代から江戸時代まで、日本の馬が一貫して小さかったことは明らかである。大阪府四条畷《しじょうなわて》市で発掘された五世紀後半のものと見られる馬骨は、体高約一二五センチだった。

これは一体だけだが、かつて神奈川県鎌倉市の海岸から、鎌倉幕府滅亡の際（一三三三）に埋められたと見られるたくさんの馬骨が発掘されたことがある。それらを平均すると一二九・五センチ程度だった。戦国時代のものとしては、山梨県甲府市の武田の居館址から出たものが一二〇センチ程度、千葉市の生実《おゆみ》城址から見つかったものが一三〇〜一四〇センチ程度である。後者などは、丁重に埋葬されていたところから見ても、当時としては立派な部類だったのだろうという。

　文献資料から見ても、こうした数値は変わらない。豊前（大分県）中津の小笠原家に仕えた人が、戦国から江戸初期にかけての同家の関係者や諸侯の乗馬など五〇頭あまりについて記したものがある。それによると、標準的なところは一二九～一三二センチ程度である。

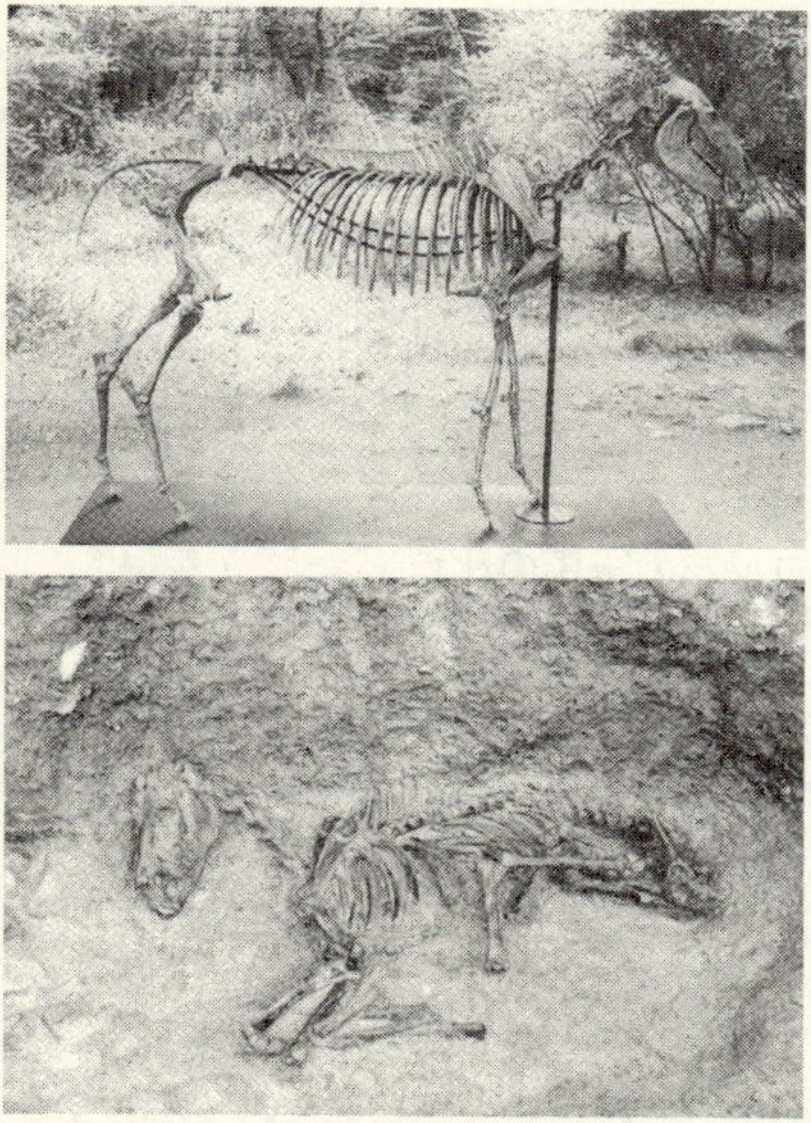

武田館址から出土した馬骨
（甲府市教育委員会提供）

　今日の分類では、体高一四八センチ以下はポニーの扱いであるから、戦国時代の馬は、ほとんどがポニーの部類だったことになる。ヨーロッパ中世の軍馬は、現代馬よりかなり

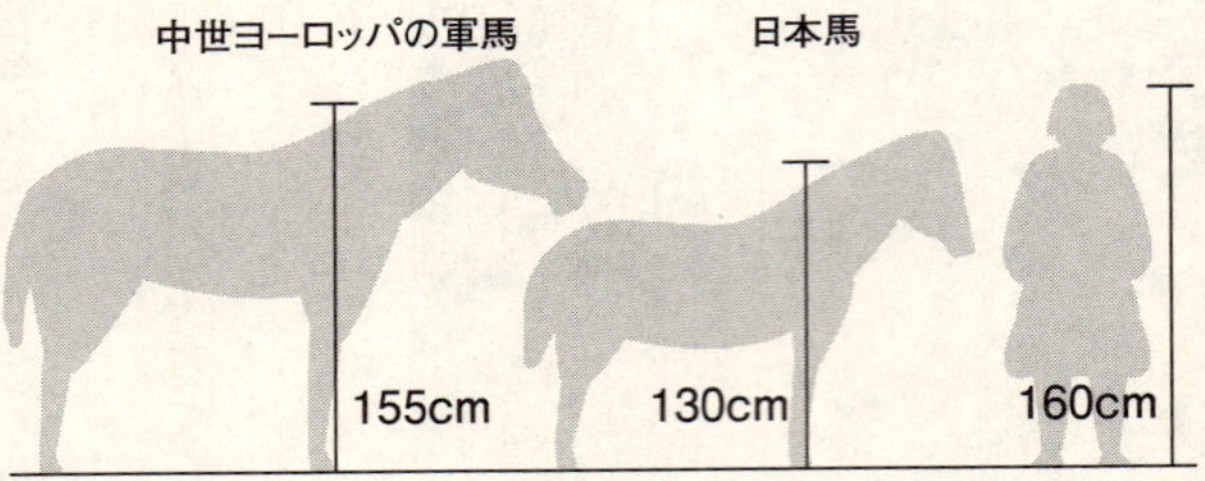

人・日本馬・中世ヨーロッパの軍馬の比較
（『闘神・武田信玄』学習研究社、を参考に作成）

小さかったろうが、それでも平均一五五センチくらいはあったようだから、ずいぶん違う。数値はわからないが、隣の明国なども大きな軍馬を使っていたらしく、秀吉の朝鮮出兵のとき、彼らと戦った武士が馬の大きさに驚いたことを書き残している。

そんな小さな馬で戦争に使えたのかと心配になってくるが、これにはきびしい見方もある。家畜史・畜産史を専門とした加茂儀一さんは、あんな小さな馬が重たい鎧武者を乗せたら、よろよろ歩きするしかなかったろうし、当時は蹄鉄《ていてつ》も使われていなかったから、蹄《ひづめ》に重量をかけて踏みきることもできなかったろうと言っている。これはいささか極端すぎる見方だが、それに近い状況があったことは実験によっても確かめられている。

それでも、馬がけっこう戦闘に使われていたことも、また事実である。ただ、騎馬の利点は、逃げる敵を追いかけるときと自分が逃げるときだとも言われていて、近代騎兵のように、格好よく轡《くつわ》を並べて敵陣に突撃することなどまずなかった。黒澤明監督が『影武者』の長篠の戦いの場面で描いた、大きな馬にまたがって長槍を構えた武士たちが猛スピードで怒濤のごとく突進するなどという光景は、まったくの絵空事と知るべきである。

馬が役に立ったのは、戦闘手段としてよりも、むしろ人や物を運ぶ輸送手段としてであった。そのことは、江戸時代の学者もとっくに指摘している。武田居館址から出た馬骨は、前脚の筋肉が発達していて、重量物を背にして斜面を上り下りしていたことがうかがえるという。〈武田の騎馬軍団〉などは根拠のない話だが、武田信玄がほんとうに騎馬に期待したとすれば、戦場での働きよりも山国の険路に耐える持久力だったともいえそうである。

9――山城から平城への変化は鉄砲のせい？

鉄砲の普及によって城が変わったという説をお聞きになった方は多いと思う。それによると、山に拠って築かれた山城が廃《すた》れて、平山城（山地と平地にまたがって築かれた城）、さらに平城（平地に築かれた城）に移っていったということになる。

また、城自体の構造も変化したと言われる。安土城や姫路城のように高々と石垣を積み、白壁を塗った楼閣をそびえさせたような城は、鉄砲に対する防御を考えて出てきたというのである。こういったお話は、はたして信じられるものだろうか。

抽象的な理屈ではなく、実際例で見てみよう。鉄砲が普及して山城を構える意味が乏しくなったというなら、それ以後、新たにそんなものはつくられなかったはずである。ところが、鉄砲が完全に定着した戦国後期から江戸初期にかけて、大名たちが新たに築いたり、改修拡張したりした山城は、きわめて多い。

一応、比高一〇〇メートル以上に限ってみても、織田信長の岐阜城（岐阜県）、安土城（滋賀県）、北条氏照の八王子城（東京都）、脇坂安治の洲本城（兵庫県）、石田三成の佐和山城（滋賀県）、吉川広家の岩国城（山口県）、加藤嘉明《よしあきら》の松山城（愛媛県）、伊達政宗の仙台城（宮城県）、豊臣秀次の八幡城（滋賀県）など、いくらでも出てくる。

おもしろいのは、学者先生たちが鉄砲戦術の開祖のように言っている織田信長の動きである。信長は最初、完全な平城の清須城（愛知県）にいたが、標高八五メートルの小牧山城（同）に移り、さらに標高三三六メートル、比高三〇八メートルの岐阜城に移った。最後の安土城は標高一九九メートル、比高一〇五メートルだからこれより低いが、岐阜では山下で暮らしていたのに、安土では山上で暮らしたから、実質的には〈上昇〉したのである。

山城がしだいに減って、平山城や平城が多くなったこと、それが時期的に鉄砲の普及とほぼ足並みを合わせていることは認めてよい。だが、それと鉄砲戦術が無関係だったことは、織田信長の事例を見ればはっきりしている。山地よりも平地に城が築かれることが多くなったのは、鉄砲云々といった単純な理由よりも、領国を統治するうえでの便宜であるとか、経済活動のためであるとかいった動機が働いた結果だと見たほうがよい。

鉄砲と城の位置取りがまったく関係ないことは、鉄砲普及以前から平城を拠点とした武将がいくらもいたことを見てもわかる。織田家の清須城もそうだが、蘆《あし》名《な》家の黒川城（会津若松城、福島県）、成田家の忍《おし》城（埼玉県）、太田家の岩槻城・川越城（同）、同じく江戸城（東京都）、松平家の岡崎城（愛知県）、細川家などの淀城（京都府）、同じく尼崎城（兵庫県）、伊丹家の伊丹城（同）、三好家の勝瑞《しょうずい》城（徳島県）など、これまた数えきれないほどある。

それでは、鉄砲が普及して城の造りが変わったという話のほうはどうだろうか。たしかに、安土城や姫路城のような近世風の城郭は、鉄砲の普及とほぼ時期を同じくして発達しているから関連づけて考えたくなるのも無理はない。だが、それも平地での築城の増加と同様、偶然の一致としか考えようがない。

ヨーロッパでは、火器の普及にともなって、わが国とはまったく逆の現象が生まれた。われわれがヨーロッパの城というと、ついイメージしたくなるような石造りの城は、だんだんはやらなくなっていったのである。それに代わって、土塁や土堤が多用されるようになった。土から石へではなく、石から土へという流れになったわけである。

なぜそんなことになったかというと、石造りの城は、高い城壁や建物が砲撃の目標になりやすかった。また、弾丸が石の構造物に当たると、飛び散った石の破片で被害が出たり、弾丸そのものがとんでもない方向に跳《は》ねたりしてたいへんだった。

一方、城から大砲を撃ち出すとなると、轟音、振動、硝煙《しょうえん》などでえらいことになった。ことに発砲による震動は建物を傷《いた》めることが多く、敵に与える損害以上の被害をおよぼすこともあった。

それやこれやで土の構造物が歓迎されるようになった。この時代には弾丸そのものが破裂する榴弾《りゅうだん》のようなものはない。通常はたんなる鉄丸などを撃ち出すだけだから、土塁などであれば衝撃をそのまま吸収してしまえる。しかも、何よりも安上がりで短期間につくれるという利点がある。その後、また石の素材も使われるようになったが、中世風の城が復活することはなかった。

わが国ではヨーロッパと違って、大砲はあまり普及しなかったから、ヨーロッパで生じたような問題が、そのまま当てはまるわけではない。ただ、弾丸が跳ね返る問題などは共通だし、そもそも鉄砲を防ぐためだけなら、土城にしておくほうが手っ取り早く、かつ安上がりで効果的でもある。ということは、鉄砲の普及と城の構造の変化に関係はないことになる。

10――武士たちの食事は質より量

戦国ものの大河ドラマには、食事の場面がよく出てくるようだ。それほど注意して見ていないせいもあろうが、あまり印象に残ったことはない。強いていえば、実際よりかなり〈きれいごと〉にやっているのではないかという程度である。

戦国時代の食事には、いろいろ特徴がある。まず、原則として一日二食だったこと、概して粗食であったこと、それと関連するが、質より量という傾向があったことなどがあげられる。そういった点はご存じの方も多いだろうが、実例で説明しておきたい。

上杉家の直江兼続のことは前に取り上げたが、彼が同じ家中の安田順易を訪れたことがある。ちょうど安田は朝食中で、すぐに出てこられなかった。やっと飯を食い終えた安田が、お待たせしてすまなかったと言うと、直江は、何をお菜にしたかと問うた。安田が蓼《たで》と塩だと答えると、それなら塩だけで十分で蓼は余計だと言われてしまった。

これは直江の質実ぶりを讃えるつもりの話かもしれないが、直江クラスの者はともかく、それより下の奉公人たちなどにとっては、お菜もなしに飯を食うなどというのは、珍しい話ではなかった。《軍師官兵衛》の黒田如水の逸話にも、それを示したものがある。

瓜《うり》が献上されたとき、彼はそれを小姓や伽《とぎ》の者たちに与えたが、皮を厚く剝《む》けと指示した。小さな瓜でそんなことをしたら、食べるところが少なくなりますと言う者もいたが、それなら、いくつも食べるがよいと如水は答えた。如水の目的は、そうやって厚く剝かせた瓜の皮を台所役人に渡して、漬物にさせることだった。そうすれば塩汁だけで台所飯を食っている者たちの菜になる。細かいところまで気をまわす如水の性格がよくわかるが、同時に下層の奉公人などには、塩汁だけで飯を食う者が多かったこともわかる。

もと和泉（大阪府）の土豪だった真鍋貞成という人がいて、福島正則のところで四千石、そのあと仕えた紀州徳川家でも四千石取った。この人は、ずっと家来たちとともに台所で飯を食うことにしていたが、飯は精白しない玄米、汁と漬物以外に菜はなかった。五節句とか月初め、月末に限って、赤鰯《あかいわし》を一つずつ焼いて食うのがご馳走であった。

これもこの人の質実さを伝えたものだろうが、武士とはいえ台所で飯を食っているクラスは、その程度の食事をしていたのである。

もっとも、ずっと上のクラスだって、どれほど美食をしていたかは疑問である。藤堂高虎が大諸侯になってから、将軍家の宴会で鯛の丸焼きをもらってきて、俺も大名になったから、こういう珍味にありつけるのだと近習たちに自慢したという話がある。江戸後期にこの話を語った人は、いまなら鯛の丸焼きなんてどうということもないのに、二百年あまり前にはそんな状況だったのだと言っている。

お菜が粗末な代わりに、現代人の目からすると飯の量は多かった。武士たちに兵糧を支給する場合、一日五合というのが基準となっていた。これは信長の家臣・滝川一益が、人は朝夕二合五勺ずつ食っていればよろしいだろうと言って決めたというが、一説には武田信玄が定めたとも言われている。ただ、戦時になると、それでも足りないだろうと、人足や水夫などには割り増しがつく場合があったし、十分にもそういう措置がとられることがあった。

この基準は、白米か玄米かの違いはあったが、江戸時代の俸給制度にまでずっと踏襲された。よく時代劇には、何両何人扶持《ぶち》などという者が出てくるが、これは一年に何両かの金と一日五合の割で計算した玄米を受け取るということである。一年三百六十日として、一人扶持であれば年間一石八斗となる。女性の場合には、一日三合が基準とされたから、一人扶持なら年間一石八升である。

11 女性はどこまで活躍したか

第一九作の《おんな太閤記》あたりを皮切りに、大河では女性を主人公に据えたり、女性に重要な役割を与えたりしている作品が目立つようになった。ＮＨＫ

としては、女性の視聴率を上げたいとか、男女共同参画といった社会の風潮にこたえようとかいう思惑があるのかもしれないが、視聴者の間からは、むかしの女性は、あんなに表立って働くことはなかったのではないかというクレームが出たりした。識者のなかにも、同じような指摘をした人が何人もいる。

たしかに、《草燃える》の源頼朝夫人の北条政子とか、《花の乱》の足利家八代将軍義政夫人の日野富子のように、歴史の表舞台で活躍した女性はいる。《春日局》の徳川家三代将軍家光の乳母だった春日局こと福などもそれに近いかもしれない。しかし、こういう人たちはきわめて例外的な存在であるし、ドラマで描かれたところも誇張や虚構が目立っていた。

たいていの女性は政治向きのことなどには関わらなかったのがふつうだが、ドラマのほうはおかまいなしである。《利家とまつ》の前田利家夫人とか、《功名が辻》の山内一豊夫人のように、とてもありえないような活躍をして天下の大勢に大きな影響を与えていたかのような物語が次々とつくられた。

ことにひどかったのが《江》で、十歳にも満たないような小娘が織田信長や明智光秀をやりこめたり、歴史的な大事件に関わったりする。さすがに批判も多かったが、いくらドラマはフィクションだと言っても、絶対にありえないような設定をしたら歴史ドラマではなくSFドラマである。

こういうことが生ずるのは、ドラマをつくっている人たちが、むかしの女性のことをよく理解していないからだが、現代のホームドラマの延長で歴史ドラマを構成しようとする最近の傾向もそれに拍車をかけている。《江》などは、その最たるものだが、戦国時代の家庭と今日の家庭はまったく違う。

そういうことを詳しく説明している余裕はないが、誤解のないように言っておくと、むかしの女性は、なんの働きもしなかったというわけではない。公的な世界に関与して働く度合いは低かったというまでである。

名前について触れた項のなかで女性の名前が伝わり難いことを述べたが（三六頁〜）、これもそういうことと関係している。公家社会の女性などは宮中に出仕したりして、公的な社会に関わることが多かったから、名前が記録にとどめられやすかったが、そういう機会の少ない武士社会の女性などはそうはいかない。ドラマではやたらに出しゃばる《江》の主人公だって、ちゃんとした史料に名前が出てくるのは、十三歳くらいになってからである。

もちろん、北条政子や日野富子のような例もあるし、自ら領主となったり、戦闘に加わったりした女性もかなりいたが、そうした表立った働きをする女性は、なんといっても少数派である。大多数の女性は、そうした世界とは別の世界で働いていたのである。

そうなったのは、女性の社会的地位が低く、男性優位の社会のなかでは差別されていたからだろうと考える人もいるだろうが、それも違う。差別はいつの時代にもあったが、近世までは、男女の性差による差別よりも、身分や階層による差別のほうがずっと強かった。

そういった点で上位にいる女性は、下位にいる男性に対してはずいぶん威張っていた。わかりやすい例でいうと、公家社会の女性たちなどは、地下人《じげにん》と呼ばれるような庶民階層の男どもなど虫ケラのように心得ていた。ちなみに、地下人のなかには、大多数の武士たちも含まれる。

こうした関係は、その武士たちが支配するようになった江戸の社会になっても変わらない。大奥の女性などのなかには、同じ幕臣でも頭が上がらないようなのがいくらもいた。直参《じきさん》同士でもそうなのだから、陪臣《ばいしん》（大名の家来）などはなおさらである。これらはほんの一例で、その種の話なら掃いて捨てるほどある。

戦国時代の女性は、そうそう束縛されてもいなかった。宣教師のルイス・フロイスは、日本の女性は、ヨーロッパの女性にくらべてずっと自立性が高く、自由気ままな生き方をしていることを具体的な例をあげて記している。彼が見たのが、どういう地域のどういう女性なのかはわからないが、外国人の目にもそう映る一面があったのである。

つまり、戦国の女性というのは、働かなかったわけでもなく、バカにされていたわけでもないのだが、〈社会的露出度〉のようなものは概して低かったから、あまりよくわからないところがあるというのが、平凡な事実なのである。

第五章　不思議な合戦シーン

1――敵はもとより味方すら把握できなかったらしい

後世の人間がむかしの合戦について考える場合、双方がどのくらいの人数だったか、どういう部隊区分でだれが指揮していたか、それらの部隊はどのように展開し、どういう具合に動いたかといったようなことについては、わかりきったものとして扱いやすい。もちろん、テレビドラマや映画で取り上げる場合も例外ではない。

それが高ずると、ああすればよかったではないか、こうすべきではなかったなどという机上の戦術論につながったりもする。だが、これは実際に合戦にかかわった者からすれば、大きなお世話というか、こんな腹立たしい話はないかもしれない。

囲碁や将棋にたとえれば、後世人は、すんでしまった対局について、棋譜《きふ》をすべて承知したうえでものを言っているようなものである。だが、合戦の当事者はまったく違う。互いに相手の布石や駒組がはっきりとは見えないかたちで対局していたのである。気楽にタラレバ論などやっていられるような話ではない。

双方手探り状態で戦っていたことをうかがわせる話はいろいろある。

関ケ原の戦い（一六〇〇）のとき、最後の段階まで戦場にとどまった西軍・島津義弘の部隊には、東軍の諸隊が攻めかかっていったが、島津側ではそれが識別できなかったらしい。井伊直政と本多忠勝の部隊は、かねて旗印に見覚えがあったのでわかったが、それ以外は藤堂高虎ではないかと思われる部隊がいたという程度しかわからなかったと、島津の家臣が書いたものにあるそうだ。

その藤堂高虎は、大坂夏の陣（一六一五）のとき、河内の八尾《やお》で城方の長宗我部盛親《もりちか》の部隊と戦って大きな損害を出した。戦後、盛親は捕らえられたが、高虎は使いをやって、あのとき出てきた大坂勢はどのくらいだったのか、大将分はだれだれだったのかといったことを尋ねさせた。後世の人間なら容易に知りうることも、現場ではわかりがたかったのである。

その盛親も、藤堂隊を撃破したのち、横合いから出てきた部隊にやられて退却せざるをえなかった。赤備え《あかぞなえ》（甲冑・馬具などを赤色に統一した部隊）だったというだけで、それがだれの部隊ともわからなかったらしい。捕らえられたのち、たまたま井伊直孝に会って、あれは自分の部隊だったと聞かされ、そうか貴公の部隊だったのかと言ったという。

ずっとのちのことになるが、元治元年(一八六四)、水戸の尊王攘夷派の連中が、常陸《ひたち》(茨城県)那珂湊《なかみなと》に立て籠もって、幕府や諸藩の軍勢と戦ったことがある。その生き残りの人の話によると、敵側の状況はいつも真っ暗で、どこの藩が出ていて、どこに布陣しているのか、どのように攻めてくるのか、さっぱりわからなかったそうである。そのうち、戦闘に勝って敵の旗を取ったり、書類を奪ったりして、やっと見当がついたということである。

野戦では、そもそも敵の所在を把握するのがひと苦労だった。大坂夏の陣で井伊勢と戦った城方の木村重成は、敵の所在がわからないと右往左往しているうちに図らずも戦闘になってしまったと言われている。こうした事情は中世のヨーロッパでも同じで、あらかじめ日時や場所を決めて戦うことが多かったのも、騎士道精神といったものではなく、相手を見つけるのが大変だったからである。

敵情はともかく、味方のほうはわかっていたのではないかと思いたくなるが、それも実際にはおぼつかない。戦国大名の軍隊構成は、大きく分けると自分の家の兵力と、同盟ないし服属している豪族などの兵力から成り立っている。自分の家の兵力も、直属の連中と重臣などが率いてくる者たちに分かれる。直属の兵力はまだしも、それ以外は、おそらくつかみがたかっただろう。

もちろん、あらかじめ割り当てなどはするだろうが、ほんとうに期待したとおり集まるかどうかはわからない。手抜きをしてくることもあれば、〈員数合わせ〉をやって、役にも立たない者を混ぜてくることもある。そうかと思えば、サービスよく要求以上の人数を連れてくる場合もある。そうなると、机上の計算では戦闘員が何千何百、鉄砲が何百挺、槍が何百本といっても、ほんとうにそれだけいるのかどうかもつかめない。

本能寺の変（一五八二）のとき、明智光秀が率いていた人数は一万三〇〇〇だったということになっている。これは「川角太閤記」という書物にある数字だが、それをよく読むと、光秀が亀山城外に集まった人数を見て、重臣の斎藤利三に「どのくらい、いるかね」と尋ね、利三が「まあ一万三〇〇〇くらいはいるでしょう」と答えたものなのだ。光秀のように細かく軍法を定め、綿密に軍隊を運用していたとされる人でも、この程度だったのである。

こうして集まった兵力を何隊にも編成して戦うのがふつうだが、それがまたけっこういいかげんだったらしい。毛利家の家臣の記したものに、元亀元年(一五七〇)ころの状況として、各部隊の区分とか部署がはっきりしていなかったから、前に出たい者は、われがちに第一線のほうへ進み出てしまったとある。

渡辺了《さとる》という戦国名士がいるが、その覚書を見ると、少なくとも天正十一年(一五八三)ころまでは、秀吉のところでも、心がけ次第でだれでも先手に加わることができたとある。そうなればやる気のあるヤツは、ひと功名立てようと前に出てしまうに決まっている。逆にやる気のないヤツは、うしろに引っ込んでしまうことも生じてくる。これでは各部隊の指揮官たる者、自分の下に実際に何人いるのかさえ、わからなくなってしまうではないか。

2——じつは長いあいだ戦場で威力を発揮していた弓矢

日本人の主武器は何だったかと聞かれたら、たいていの方は、日本刀とお答えになるだろう。たしかに戦場に持ち出されることがもっとも多かったのは刀である。戦闘員はもとより、非戦闘員であっても刀だけはまず例外なく差していたから、絶対数はたいへんなものだった。もちろん、ほかの武器と比較すれば、圧倒的な比率だったといえる。

しかし、武器としての有用性は、戦場に持ち出された数量に比例するものではない。スポーツの世界でも、出場回数の多い者が必ずしもよい成績をあげているとはかぎらないが、それと同じである。武器というのは、人を殺傷するためのものであるから、その目的に役に立ったものほど有用性が高かったことになる。それは何だったのだろうか。

そういったことを確認するために、私は当時の戦闘報告書など信用できそうな史料から、負傷者がどういう武器でやられているかを調べてみた。戦死者についても調べられるとよいのだが、この種の文書が戦死者の死因にふれている例は少ない。

こうして、戦国時代の始まりとされる応仁・文明の乱（一四六七～七七）から島原の乱（一六三七～三八）までの史料約一四〇点より、延べ一五七二人の負傷者（一部、死因の明確な戦死者を含む）を拾い出した。それらの負傷原因を多い順に並べると、矢疵《やきず》三八・二パーセント、鉄砲疵二三・七パーセント、槍疵一九・七パーセント、石・礫《つぶて》疵一二・四パーセントとなる。持ち出された武器の絶対数ではダントツの刀による疵などはわずか三・七パーセント、薙刀疵などまで合わせてみても、刀剣類による疵は六パーセント未満でしかない。

これだけ見ても弓の有用性の大きさがわかるが、鉄砲が普及する以前は、もっとすごかった。鉄砲が普及する前の期間だけをとれば、矢疵は六一・二パーセントにもおよんでいる。いかに戦国時代の戦場で弓が猛威を振るっていたかは明らかである。

ついでにいうと、鉄砲が導入された後の期間では、鉄砲疵四五・二パーセント、矢疵一七・三パーセントとなるから、主役の座を鉄砲に譲ったことがわかる。それでも刀剣類の疵七・六パーセントよりまだずっと多く、槍疵の二〇・六パーセントに続いている。

弓が威力を発揮したのは、戦国時代に始まったことではない。それ以前の鎌倉末期から南北朝にかけての時代、つまり足利尊氏や楠木正成《まさしげ》の活躍していたような時代は、もっとすさまじかった。戦国時代と同じようなかたちで負傷者延べ五八一人を調べてみたところ、矢疵が八六・一パーセントにもおよんでいる。

それより前の時代、たとえば源平時代はどうだったかと言われても、統計をとってみることはできないが、文献からたどるかぎり、有用性という意味で弓が主武器だったことは明白である。つまり弓は、古代から戦国時代前半くらいまでは、ずっと横綱の地位にあり、そののちも三役を維持していたようなものであった。時代を問わず大河ドラマの合戦場面をご覧になる際には、そういうことを念頭に置いていただけたらと思う。

もっとも、私のこうした説明に対しては、刀剣類でやられると致死率が高くなるから、負傷者の統計には出にくいのだと言った人もいる。そういう理屈で、武器としての刀剣類の有用性が高かったことを主張したかったらしい。だが、あとで述べるように、刀で甲冑を切ることは難しかったし、そもそも負傷者に対する戦死者の割合はかなり低いのだから、そのすべてが刀剣類による死者と仮定したところで知れたものである。

もちろん、そんなことはありえないことで、刀で斬られるより鉄砲で撃たれるほうが即死する確率は高かっただろう。また、この時代の戦死者というのは、必ずしも即死者だったわけではなく、負傷して動けなくなったりして首を取られた者がきわめて多かった。当時の記録に死因が示されることが少ないのも、直接の原因は首を斬られてしまったためとしか言いようがなかったからかもしれない。それなら、やっぱり刀剣類でやられたのではないかという理屈もあるかもしれないが、それはコジツケにすぎるだろう。彼らが動けなくなった原因まで考えれば、その多くは、弓や鉄砲でやられた者たちであったといえる。

3――槍は振りまわすもの、刀は片手で扱うもの

今日の常識では、槍はもっぱら突くもので、刀は両手で握って振りまわすものということになっている。だが、これは江戸の太平時の槍術や剣術が植えつけた感覚で、戦国時代の常識では、そういうことにはなっていなかった。

江戸時代の槍術では、左足を前にした左構えになるのがふつうである。ところが戦国時代からあるような古い流派には、しばしば右足前の右構えになるものがある。これはどういうことでしょうと、かつて武術家で時代考証家の名和弓雄さ

んにお尋ねしてみたことがある。

名和さんのお答えは明快で、突くだけではなく、打ち叩《たた》くことも考えていた時代には、右構えにしたほうが便利だから、当然、それが基本になったのだという。近世になって、槍は突くものとばかり心得るようになれば、左構えにするのが当たり前ということになる。

戦国時代には、足軽などは長柄槍《ながえやり》という大量生産の長めの槍をもち、士分の者たちは、各自が持槍といって短めの槍を用意した。この長柄槍は、戦闘になると、いわゆる「槍ぶすま」をつくって敵の突入を阻止したり、振りまわして敵を打ち倒すために用いられた。槍本来の機能であるはずの刺突などということは、あまり顧慮されることがなかった。

士分の連中にしても同じようなもので、いざとなれば突き合いというより、叩き合いになることが多かった。大坂夏の陣のとき、加賀前田家の者たちが城兵と槍を合わせたが、最初の一槍、二槍は、双方たしかに突き合ったものの、あとはひたすら打ち合い、叩き合うばかりだったという話が残っている。

江戸初期に風伝流の槍術者として知られた国枝重隆の父親も、大坂の陣を体験した人だったが、戦場での槍はただ打ち伏せるだけで勝負が決まるものだと息子に教えたという。だから槍は頑丈につくっておくべきだというのが、その人の主張であるが、これはべつに大坂の陣に限った話ではなかったことは、もちろんであろう。

そういう記憶が鮮明に残っていたあいだは、槍術者もそのような教え方をしていたらしい。加賀藩の関屋新兵衛という槍術師範は、大坂夏の陣のころ生まれた人だが、弟子たちが相当の腕前になるまで絶対に突き技を教えず、槍を振り上げて敵と敵の槍を叩くことだけを稽古させた。関屋に言わせれば、突き技などというのは、敵を叩き伏せるか、敵の槍を打ち折ったり打ち落としたりしてから、はじめて用いるものだというのだ。

太平が続くうちに、こうした戦場の実態はしだいに忘れられ、槍は突くものという考え方が当たり前のようになっていった。疑問をもつ人もいたかもしれないが、なにしろ実戦の機会がないのだから確かめようもない。

そのうち幕末の動乱が始まって、戦場に槍を担《かつ》ぎ出すような場面がまた現れた。そのころ水戸の尊王攘夷派に加わって何十回か戦闘を体験した人の遺談によると、もっぱら叩き立てていたようで、槍で敵を突き伏せた話なんて聞いたこともないとある。突く稽古などしていたのは、太平時のことだったともあるから、いざとなると、教えられなくても戦国時代の常識がよみがえってきたらしい。

槍については、そういうことだが、刀の扱い方はどうだったのだろうか。この点について、興味あることを言っているのは宮本武蔵である。彼は戦国の合戦も体験した人だが、『五輪書』のなかで、槍・薙刀のような大きな武器はやむをえないが、刀・脇差などは、いずれも片手で持つべきものだという主張を展開している。

刀を両手でもってはよろしくない場面を武蔵は列挙する。馬上のとき、駆け走るとき、沼・深田・石原・険しい坂道などにさしかかったとき、人混みに入ったとき、左手に弓・槍などの武器を持ったとき、いずれも片手で刀を使わざるをえない。

これだけ都合のよくないケースがある以上、はじめから両手で柄《つか》を握らせるような他流の行き方は「実《まこと》の道」ではないというのが武蔵の主張である。どうしても片手で打ち殺しにくいなら両手を使うのもよろしいが、片手打ちこそ基本なのであり、自分が二刀流を提唱しているのも、片手打ちに習熟させるためであるとまで彼は言っている。

逐一チェックするまでもなく、武蔵の言っているところは、戦国の常識に合致していると見てよいだろう。槍の場合と同様、この常識も太平の時代には忘れられていたが、幕末維新の動乱で、また復活した。

明治に入って、ある人が老中・安藤信正襲撃事件（一八六二）にかかわった人の話を聞いたところ、あのときはだれも彼も申し合わせたように片手で刀を振りまわしていて、姿勢も構えもあったものではなかったと言われた。それでもまだ納得できないので、別の実戦経験者に聞いてみたら、平坦な場所なら両手で刀を握って進退することもできようが、そうでない場所では足元が危ないし、前方も心配で、とてもそうはいかないという答えが返ってきた。武蔵の言うとおり、足場の悪いところでは、両手使いなどしてはいられないのである。

4 鎧武者のチャンバラなどそうそうない

大河ドラマにかぎらず、テレビドラマや映画の戦国合戦の場面というと、まず例外なく、鎧武者が互いに刀を抜いてチャンバラをやっている。つくっている人たちは、戦国合戦の実態はああいうものだと信じているのだろうが、それは誤想、妄想の類である。

この時代の合戦では、そもそもチャンバラになるような近接戦闘の場面は、必ずしも多くなかった。弓や鉄砲の撃ち合いで、ほとんど勝負がついてしまうことも珍しくなかったようである。接戦になった場合でも、主武器は槍であって、刀ではなかった。それだけでも、まずおかしいのだが、この点については、槍より刀のほうが殺陣《たて》がつけやすいし、小道具としてのコストも安いから、鎧武者のチャンバラが頻出するのだと聞いたことがある。だが、それはほんとうの理由ではあるまい。

戦前・戦中までのわが国には、日本刀に対する信仰のようなものが根強くあった。日本刀こそは日本精神のシンボルであり、武器としても万邦無比《ばんぽうむひ》の優れたものであるといった考え方である。日本精神のほうはどうか知らないが、武器としての日本刀は、それほどたいした機能を発揮したわけではない。弓・鉄砲などの飛び道具にかなわなかったのは当然としても、槍と対抗しても、まず勝ち目はなかった。そのことを示す話はいくらもある。

戦場での日本刀の有用度が、どの程度のものだったかは、この章の弓に関する箇所でふれたとおりである。刀剣類でやられて負傷した者などは、弓・鉄砲や槍による負傷者より、はるかに少なかっただけでなく、石を落とされたり、礫《つぶて》をぶつけられたりしたような者にくらべても、まだずっと少ないのである。

それでも〈日本刀信者〉のような人はまだまだいて、こうした現実を容易に承認なさろうとしない。私が示した負傷者の統計にクレームをつけた人もそうだったろうし、いまだに鎧武者のチャンバラを流しつづけている人たちも、おそらくそうであろう。

だが、この人たちは大きな思い違いをしている。刀で冑を切り割ったり、鎧を切り裂いたりすることは、まず不可能に近かったのである。そのことは甲冑研究家に共通する見方だと言ってよい。たとえば山岸素夫さんは、近ごろのテレビドラマや映画では、甲冑武者が太刀のひと打ちで切り倒されたりしているが、そんなバカな話はないと記している。

山岸さんによれば、金属製の甲冑はもちろん、革鎧であっても斬撃には強く、刀疵の残っている甲冑でも、疵が裏まで抜けている例はないそうである。甲冑の敵は、鉄砲は別格として、矢とか槍とか突き刺すものだと山岸さんは言う。甲冑は刀には強く、槍や弓・鉄砲のように一点集中で来る武器には弱いということは、藤本正行さんも指摘している。

もっとも、名刀とされる刀のなかには、甲冑を切ったという伝承をもつものがある。〈日本刀信者〉が喜びそうな話だが、そういうことができた刀は例外中の例外というものだ。通常ならできないことができたから、名刀と言われたのである。一〇〇メートルを十秒で走れる人はたしかにいるが、そんな人はめったにいるものではないのと同じである。

刀で甲冑は切れないということは、甲冑を着けていれば斬られる恐れのないことを意味する。戦国時代の人も、それはよく知っていた。島津家に西郷壱岐という古兵《ふるつわもの》がいたが、刀で斬りつけられたって驚くことはない、鎧の胸で受け止めておけばよいのだと嘯《うそぶ》いていたという。これに類する話はほかにもある。

戦国時代にできた剣術も、刀で甲冑は切れないことを前提に組み立てられていた。だから後世の面打ちや胴打ちに当たる技などはそもそもない。甲冑の隙間や外れを狙って斬ったり突いたりするとか、まず打撃を与えて転倒させておいてから隙間を攻撃するとかいう手法がとられている。そのような流派の一つを伝えている方が、現代の剣道ではポイントにならないところばかりだと説明していたが、そのとおりである。いまポイントとなる面・胴・籠手《こて》への打ち、咽喉《のど》への突きは、甲冑があっては無理なことばかりなのだ。

もっとも映画やテレビドラマでは、当時の武装を必ずしも忠実に再現していないから、どこに隙《すき》があったかはわかりにくいかもしれない。たとえば顔面を保護する頰当《ほおあて》（面頰《めんぼお》）を着けているのを大河ドラマで見たことがない。これを着けると役者の顔が見えなくなるとか、台詞をしゃべるのに不便だとかの理由によるものだろうが、少なくとも大河ドラマの主役、準主役クラスの人物だったら、肝心の顔面をガラ空きにするような危ない真似はしなかった。そのことは、遺されている彼らの甲冑を見てもわかる。

咽喉部《いんこう》を保護する喉輪《のどわ》も着けたり着けなかったりというところのようだ。脛当《すねあて》はさすがに欠かさないが、膝鎧とも呼ばれる佩楯《はいだて》はそうそう見かけないようである。だが、実戦では膝や腿《もも》を狙われることが多いから、それらを保護するものが必要であった。

5――石・礫をなめてはいけない

戦国時代だけではなく、それ以前の時代においても、意外に見過ごされている武器が石である。石の大きなものは、城の上など高いところから落としかけ、小さいものは手に取って投げつけた。こちらは礫《つぶて》とも呼ばれる。

ヨーロッパや中国では、機械の力でかなり大きな石を飛ばすことが行われていたが、わが国にそういうものがあったかどうかは明らかでない。古代にそういうものがあったのではないかとか、応仁の乱に関する記録に、それらしいものが現れるという程度である。また、外国でやるように小さいものを器具を使って投げることもなかったようだが、石の弾丸を鉄砲にこめて撃ち出すことはあった。石銃という名称も残っている。

石や礫を武器に用いた歴史は古い。文献的には寛治元年（一〇八七）ころ、城の防御に石が用いられたことが出てくる。具体的な仕掛けはわからないが、機械で飛ばすということではなく、吊るしてあった石を落としたのではないかと見られている。

その後も源平合戦や南北朝の合戦においても、石や礫はさかんに用いられた。源為朝の部下に「三町礫の紀平次大夫」という者が出てくるが、彼が実在したかどうかはともかく、そういう名前の人物が造形される下地はあったのである。楠木正成も千早城などでさかんに石・礫を使用したことは、軍記だけではなく、確かな史料によっても明らかである。

それでは、石・礫はどのくらい効果を上げたのだろうか。その楠木正成が活躍していた時代には、負傷者に占める比率は二・六パーセントであるから、それほど高くない。この時代には、弓矢の疵の比率が圧倒的に高かったことは、すでに説明したとおりだが、刀や薙刀などによる切疵が九・六パーセントだから、それにくらべてもかなり低い。

これが戦国時代になると、かえって比率が上昇する。全期間を通じて見ると、負傷者（一部、死因の明確な戦死者を含む）の一二・四パーセントにもなる。これに対して、刀剣類によるものは全部ひっくるめても六パーセント未満であることは、すでに見たとおりだから、多くの人が日本人の主武器と考えている刀などより、ずっと威力を発揮していたといえる。なお、この数値には、石弾で撃たれたと見られる疵も多少入っている。

石・礫、ことに礫というのは、正規の武士とはいえないような人びとに用いられることが多かったのではないかという見方がある。たしかに、そういう傾向があったことは否めないだろう。ことに民衆のあいだに「印地《いんじ》打ち」などという風習があったことを考えると、なおさらそういえる。これは端午《たんご》の節句などに石を投げ合うもので、ずっとのちまで行われ、真田幸村の息子の大八という人も、京都でこれに加わったか、巻き込まれたかして死んでいる。

そうはいっても、石や礫が正規の武士たちの戦闘にも用いられていたことは、戦闘報告書の類を見れば明らかである。非正規兵が使うことが多かったからといって、武器として非正規扱いされていたわけではない。礫を投げて功名と認定された例もあるようだ。

戦国合戦での投石の事例としては、武田信玄が三方原の戦いで雑人《ぞうにん》たちに投石させたことが有名である。あまり有名になりすぎて、そんなことをしたのは信玄だけだったように考えたり、武田家には鉄砲がなかったからだろうと〈邪推〉したりする人までいるくらいだが、そういうことではない。三方原では、徳川方も投石したことは、すでにふれたとおりだし、三方原でも長篠でも、武田の鉄砲衆はそれなりに働いている。

参考までに言うと、石・礫による負傷者は、鉄砲が導入される前が一六・二パーセントで、導入後が九・〇パーセントだから、鉄砲の普及にともなって明らかに有用度が落ちていることは事実である。しかし、鉄砲が普及したあとになっても、まだこれと併用されていたことも事実である。武田家には鉄砲がなかったから石を投げたなどと言いたがる人は、そういうことを見ていないのである。

記録の上では、石・礫による負傷者は、天正十一年（一五八三）ころで、いったん見られなくなり、寛永十四年（一六三七）に始まった島原の乱でまた復活する。原城に立て籠もった一揆勢は、五三〇挺ほどの鉄砲を用意していたが、それを補完すべく石や礫をしきりに用いた。寛永十五年元旦に戦死した幕府軍の総大将・板倉重昌は、鉄砲で撃たれたと言われているが、石を落とされて潰されたのだという説もある。宮本武蔵も石で負傷したことは、彼を取り上げた箇所で説明した。

6――馬上の槍働きはとても不自由

むかしの軍記物や講談などは、れっきとした武士であれば、馬に乗って槍を振りまわしていたという感覚で戦国合戦を見ていた。大河ドラマなどで、徒歩《かち》の武者が刀を抜いてさかんにチャンバラをやっているのと対照的だが、学者にもそう考えている人が多いようで、「騎馬長槍《きばちょうそう》」などという形容で、彼らの戦い方をとらえようとしたりする。黒澤明監督の『影武者』の長篠の戦いの場面などは、そうした「騎馬長槍」のイメージを理想化したようなものだった。

しかし、槍というものは、記録の上から見るかぎりでは、建武元年（一三三四）にはじめて登場する武器である。当然のことながら、武士はそれ以前からいたし、馬にも乗っていた。とすれば、騎馬長槍などと言いたがる人たちは、槍が発明されるまでの武士たちは、何を武器にしていたと考えているのだろうか。

江戸時代の故実家に伊勢貞丈《いせさだたけ》という人がいて、古くは弓を持たずに馬に乗る者はいなかったと記している。貞丈先生がどの範囲まで考えていたかはわからないが、武士に関するかぎり、これはまったくそのとおりである。武士の起源については、学界でいろいろやかましい議論があるが、彼らの特質は、馬上で弓を射るという芸の持ち主であるところにあった。

つまり武士は「騎馬弓兵」として出発したのである。騎馬弓兵というのは、戦士のタイプとしては、べつに特異なものではない。世界中たいていの地域では、騎馬兵の主流は、この型である。むしろヨーロッパの騎士のように、頑《かたく》なに飛道具を排斥し、白兵（刀剣や槍のような刃のついた武器）にこだわった連中のほうが珍しいのである。

ところがわが国では、なにごともヨーロッパを標準に考えることが多いし、武士と騎士を同じように見ようとする傾向も強い。冒頭に言った軍記ものなどの影響にそういうことも加わって、学界でも武士が本来騎馬弓兵だったことは見過ごされがちになり、その延長線上に騎馬長槍の時代があったかのような、一種の妄想も出てくるのだろう。

伊勢貞丈の言うように武士が必ず弓を持って馬に乗っていた名残は、馬の乗り方にも見ることができる。大河ドラマなどでは、どこまで忠実にやっているかわからないが、武士の世が続いていた江戸時代までは、馬腹の右側から乗るものと決まっていた。戦国時代に来日していたルイス・フロイスやアビラ・ヒロンも、われわれは左側から乗るのに、日本人は右側から乗ると記している。これは左手に弓を携えていたことと関係しているのではないかと思うが、右乗りの慣行はずいぶん古くからあったらしい。

時代が下がってくると、馬に乗るほどの武士でも、弓はあまり持たないようになった。戦国時代には、そうした騎馬武者が手にするのは槍が一般的になった。それなら、やっぱり騎馬長槍ではないかと言われそうだが、そういうことではない。彼らは、必ずしも馬上で槍を操ったわけではないからだ。むしろ、そうしないのがふつうであった。

その理由は、大きく分けて二つある。一つは、槍が普及したころには、馬に乗って戦うということがはやらなくなっていたからである。鎌倉時代までは、騎馬武者はたいていの場合、馬に乗ったままで戦っていた。それが南北朝時代になると、しだいに下馬して戦う場面が多くなってきた。戦国時代になると、戦闘に先立って下馬してしまうほうが、むしろ原則となり、騎乗したまま戦うのは例外的になっていった。

映画やテレビドラマでは、緒戦から馬に乗った連中が、どっと繰り出していったりする。長篠の戦いなどは、『影武者』を典型として必ずそのように演出されるが、そんなことはまずありえない。騎馬武者の多くは下馬して徒歩で戦い、彼らがふたたび馬に乗るのは、崩れ出した敵を追いかけようとするときか、自分が逃げ出すときかのどちらかである。

もう一つの理由は、タイトルに示したように、馬上での働きというのは意外に不自由であって、槍のような長物を扱うのは難しかったからである。さらにいうと、馬の上で槍を振りまわしてみても、あまり有効とは考えられていなかったからである。

安芸武田流（弓馬軍礼故実）の宗家を継承して、各地で流鏑馬《やぶさめ》の指導などをされた金子有鄰《ゆうりん》という方がいた。その方の説明によると、槍や薙刀などは両手で操らねばならないから、よほど馬術に達者でないと使えないという。流鏑馬のような射術だって、似たようなものではないかとも思うが、馬上ではつねに重心を失いがちになるから、長物は容易に振りまわせるものではなく、有利でなかったともある。その点が重要なのかもしれない。

じつはこの問題は、名和弓雄さんにお尋ねしてみたことがあるが、馬上の槍使いというのはたいへん難しくて、下手をすると落馬して乗り手の命取りにもなりかねないということであった。これはご自身の体験談だから、金子さんの場合と同様、机上の論議ではない。

難しいうえに、あまり有効でもなかった。武田の史料『甲陽軍鑑』に、徒歩で逃げる敵を馬で追いかけていった侍が、相手が槍を取りなおして立ち向かってきたので、窮地に陥ったという話が載っている。その侍は、なんとか相手をだまして討ち取っているが、同じく槍で戦うにしても、馬上より徒歩で用いるほうが有利だったらしいのである。

江戸時代の軍学書なども、一様に馬上での槍合わせを評価していない。それは「犬槍」だなどと言っているものもある。この場合の「犬」とは、犬侍などと同じ使い方で、似て非なるものという意味だから、ほんとうに接戦格闘したとは認められないということである。

双方とも馬上の場合を言っているのか、さきの話のように馬上対徒歩の場合も含めているのかわからないが、いずれにせよ、馬の上で槍を振るったところで、あまり効果はないと考えられていたのだろうし、それは、馬上では自由に働けないことと関連していたのだろう。

7──甲冑着けて遠路の行軍？

大河ドラマには、軍隊が行軍する場面がよく出てくる。武士たちは例外なく甲冑を着用した完全武装で、旗持ちの兵士が旗幟《はたのぼり》を高々と掲げ、威風堂々（？）と行進している。これと違う行軍の光景はまず見たことがないから、つくっている方たちは、戦国時代の行軍とは、ああいうものだったと信じておられるのだろう。あるいは、そうしないと〈絵〉にならないということかもしれないが、どちらにしても、あれはおかしい。

甲冑のことにくわしい方に聞いてみると、完全武装で長途の移動をするのは、たいへんな難行苦行だそうである。いざ戦闘になった場合でも、甲冑を着けたままでは、そうそう長い時間、駆けまわれるものではないということである。そうだとしたら、まだ敵地にも入らず、戦闘も予想されない場合まで、わざわざ鎧を着込んで長時間歩いたりするはずがない。

具体例で考えてみよう。徳川家康は大坂冬の陣（一六一四）のとき、現在の静岡市から大阪市まで行軍している。その間、彼の軍隊がずっと甲冑を着けて歩いたかといえば、そんなことはしていない。奈良を出て大坂へ向かうところで、側近の本多正純《まさずみ》が、そろそろみなに甲冑を着けさせましょうかと家康に諮《はか》った、と「天元実記」というものにあるから、それまでは一同、平装だったということである。

これに対して家康はまだ早いと言い、関ケ原の戦いのとき、ぜひお供をしたいと甲冑着用で従った駿府の町人の話をした。家臣のなかに、町人のくせにそんな格好をするのは不都合ではないかと言う者がいたが、家康は、捨てておいて様子を見ろと言った。一両日すると道端の松の木に鎧が掛かっていた。それがその町人のもので、走りまわりに不便なうえ、骨節も痛んでたまらないから脱ぎ捨てましたということだった。

家康がわざわざそんなむかし話をしたのは、そうした例もあるから、将兵をくたびれさせるようなことは急ぐなという趣旨である。このときも、その町人が経験のないおっちょこちょいだったから、そんなことをしたのであって、家康以下は平装だったにちがいない。

結局、その日は甲冑を着けず、一日経って法隆寺を立つときに、一同はじめて甲冑をまとったと「天元実記」は言っているが、法隆寺から大坂だって、まだよほどの距離である。家康側近のだれかが書いたという「駿府記」には、現在の大阪市住吉区に入って、一同甲冑を着けたと記されている。ここまで来れば完全に敵地だから、そのほうが事実だろう。

甲冑を着けて歩いた距離がはっきりしている例としては、寛永十五年（一六三八）島原の乱のとき、原城攻撃に出動した筑前（福岡県）秋月藩黒田家のケースがある。同家の軍勢は、いずれも甲冑を着けて指物を差し、隊伍を整えて秋月の陣屋を押し出したが、六キロほど行ったところで一同、甲冑を脱ぎ、陣羽織姿になって行軍した。

ふたたび甲冑を着けたのは、めざす原城の手前四キロほどの地点だった。この場合には、戦闘のために甲冑着用で歩いた距離よりも、領民に対して格好をつけるために、そうやって歩いた距離のほうが長かったことになる。

完全武装での長途の行軍などありえなかったことは以上のとおりだが、ついでにいうと、大河ドラマでやるように、つねに整然と隊列を組んで動いていたかどうかも疑問である。平戸の殿様・松浦静山《まつらせいざん》の書いた『甲子夜話《かっしやわ》』に、信長時代には、お国入りとか出陣のときを除いて、一同ごっちゃになって行軍していたのを明智光秀が改めたとある。

お国入りとか出陣のときには、ちゃんと隊列を組んでいたというのだから、行列を整える発想がなかったわけではなく、光秀がそれを全行程に拡大したということなのだろう。光秀は几帳面な性格だったようだから、そういうことを考えたのかもしれないが、ほんとうに実行されたかどうかは疑問である。

なぜ、そういうことを言うかといえば、武家社会の形式主義がもっと顕著になった江戸時代の参勤交代の行列だって、そんなことはなかったからである。映画やテレビドラマの大名行列は、人里離れた山のなかだろうとなんだろうと整然粛々と歩いているが、実際は大違いだった。国元や江戸での出入時はもちろん、各宿場ごとの到着、出発などにあたっては、たしかに行列を整えたが、道中の途中はいいかげんなものだった。

幕末、越後（新潟県）長岡藩の河井継之助《つぎのすけ》は、西へ向かおうとして、鈴鹿峠で豊前（福岡県）小倉十四万石の小笠原家の行列に出会った。行列はバラバラで、殿様の駕籠《かご》脇にだれもいないような有様だったと日記に記しているが、この家だけが突飛《とっぴ》なことをやっていたとは思えない。あまりひどかったから書きとめたまでで、程度の差はあれ、諸家似たり寄ったりだっただろう。

8——びっしり並んで鉄砲を撃つことなどできたのか？

映画やテレビドラマの鉄砲の扱い方には、けっこうおかしなものがある。たとえば、陣笠をかぶった鉄砲足軽が火縄銃を担《かつ》いで出てくる場面がしばしば現れる。どの家の鉄砲足軽も同じ格好をしていたかどうかは疑問だが、それ以上に問題なのは、鉄砲の担ぎ方である。

彼らはおおむね、右手で銃尾（台尻）を支えて右肩に鉄砲を担いでいる。だが、あれはもっと新しい形式の小銃になってからの担ぎ方である。火縄銃の時代には、左手で銃尾を支えて左肩に担ぐほうがふつうであった。珍しく《功名が辻》では、これを正確にやっている場面があった。

なぜ左肩に担いだのかということは、ずっと火縄銃の実射指導などもやってられた名和弓雄さんが具体的に説明されている。理由はいくつかあるが、当時は不意の敵襲などに備えて、火のついた火縄を火縄ばさみにはさんだまま移動することが多かった。この火縄ばさみは銃身の右側についているから、右肩に担ぐと横面に火傷を負いかねない。また、火縄の煙が目にしみてたまらないといったことも起きる。

火縄ばさみだけでなく、火縄銃の機関部はすべて右側についているから、右肩に担ぐと陣笠とか鎧の一部とかに触れる恐れがある。そういう部分は、きわめてデリケートにできているから、故障すると発射できないかもしれない。ことに、火縄ばさみが曲がって正確な位置に落ちなかったりしたら、発火しなくなってしまう。

これが火縄銃を右肩に担がなかった、というより担ぐことが適当でなかったおもな理由だが、それだけではなかった。突然、敵が現れて発砲しなければならなくなったとき、右肩に担いでいると、銃身を握りなおして回転させなければならない。左肩に担いだ場合より、一挙動余計になると名和さんは言っている。

鉄砲の撃ち方についても、いろいろ問題はある。たとえば一挺の鉄砲で続けざまに撃っているかのように見えてしまう場面がしばしばある。《功名が辻》の本能寺の場面でも、そんな指摘をしていた人がいたが、この時代の通常の火縄銃では、近代銃と違って連射ということはありえない。名和さんのお説では、一発撃つのに通常の装填《そうてん》法で約二十秒、早盒《はやごう》といったものを用いて短縮を図った場合でも、十五秒近くかかるそうである。

鉄砲を構えたまま突撃するシーンもよく見られる。これも近代銃からの類推だろうが、一発撃ってしまったら連射のきかない火縄銃の時代にはありえない光景である。次を装填するには立ち止まらなければならないし、そのための時間もかかる。しかも、先込め銃では伏せたまま装填することなどできないから、姿勢は高くなる。そんなところを弓・鉄砲はもちろん、槍などで狙われたとしても、ひとたまりもないではないか。ちなみに、この時代には銃剣（銃槍）というようなものは、まだ発明されていなかった。

火縄銃に限ったことではないが、先込め式の単発銃の場合には、動きながら使うのは難しかった。そのため鉄砲というものは、野戦で攻撃に使うよりも、城壁などに拠って防御に使うのに適していた。長篠の戦いで信長方の鉄砲が有効に使えたのは、野戦築城をして防御にまわったことが大きい。武田勢だって相当数の鉄砲を用意していたのだが、攻撃にまわったため、あまり効果を発揮させられなかった。

こういうことは戊辰戦争（一八六八）のころにも見られた。鶴ケ城に立て籠もった会津藩兵は、新鋭の後装銃を多数備えた西軍に槍や薙刀で挑んでいって大きな損害を出した。会津側では小銃が乏しいからそうなったと説明しているが、じつは火縄銃などはかなりもっていた。だが、それでは城外で動きまわりながら使うことができないから、槍や薙刀に頼らざるをえなかったのである。その火縄銃だって、城に籠もって使った場合には相応の効果を発揮している。

映画やテレビドラマでは、鉄砲足軽が立ち並ぶ場面も見られるが、少し間隔が詰まりすぎているのではないかと気になることもある。火縄銃を持った兵士たちが密集隊形を組むことは難しかった。発砲すると白煙が立ちこめたり、火焔《かえん》を噴いたり、火薬が飛び散ったりするので前後を詰めることはできない。また引き金、火縄ばさみ、火蓋などに接触されると暴発の恐れがあるし、火薬と生火《なまび》を持っている関係で引火事故の危険もあるから、左右も詰めることができなかった。

この点は、名和さんなどに直接お尋ねしたこともあるが、要するに、火縄銃をそれ集団で使うには前後左右にかなりの間隔をとらないと無理だったのである。それをテレビドラマなどでリアルにやろうとすると、ずいぶん間延びした画面になってしまうので、つい詰めてしまうのかもしれない。しかし、鉄砲を持った兵隊さんが肩を寄せ合うようにして、びっしり並ぶようになったのは、火縄銃に代わって、燧石銃《すいせきじゅう》が普及した以後のことである。これは燧石《ひうちいし》と鋼鉄をぶつけて発火させるものであるから、生火を持ち歩く必要がまったくなくなったのである。

旧版あとがき

最初にお断りしたように、この本は個々の大河ドラマを論評しようとしたものではない。大河ドラマに扱われているような〈歴史〉について、あれでよろしいのだろうかということを考えてみたものである。そうはいっても、読者のみなさんのなかには、NHKの大河ドラマばかりを目の敵にしているのではないかと、史実にいいかげんなのは、時代劇映画や民放テレビ局の時代ものドラマだって同じではないかといった声もありそうである。

だが、『水戸黄門』や『遠山の金さん』を見て、あれがそっくり史実だと思うような人は、そうそういないだろう。まして、それらを〈教科書〉にして歴史を学ぼうと考えている人などは、まずいないといってよろしいのではあるまいか。

ところが大河ドラマの場合には、そういう人がきわめて多い。見ている側だけではなく、つくっている側にも、そういう意図が感じられることがある。そうした点も「まえがき」で申し上げたとおりだが、それがこのような本を書いた〈動機〉である。

断っておくが、私は、大河ドラマを含めて、ドラマはウソをついてはならないなどというヤボなことを言うつもりはない。ウソのないドラマなんて成立するはずがないからである。ただ、大河ドラマを歴史教科書代わりにしているような人たちが大勢いる以上、つくる側、見る側ともに、もう少し考えてみてもよろしいのではないかと言いたいだけである。

そうした史実と虚構の問題については、本文でさんざん論じたが、そこで十分ふれられなかったのは、歴史の見方の問題である。大河ドラマにかぎらず、ドラマでは、事件や人物の行動をきわめて明快に説明していることが多い。ドラマとしてはやむをえないことなのだろうが、現実の歴史は、そうそう簡単に割りきれるものではない。なにごとにも正しい答えが必ずあるというのは、択一式試験の話であって、生の歴史の世界に通用するものではない。

戦国時代を扱った本は山ほどあるが、こういう角度から見直したものは、あまりなかったのではないかと思う。そのためＰＨＰ研究所の林知輝さんには、何かとご面倒をおかけしてしまったが、あらためてお礼を申し上げておきたい。

平成十九年一月

鈴木眞哉

文庫版あとがき

この『戦国時代の大誤解』は、私の著作のなかではもっとも多く読まれたものである。今回文庫化されることになって、自己記録が更新されそうだと素直に喜んでいる。

改めて読み返してみても、別に不都合な点はなかったが、なんといっても初版が出てから、すでに十二年が経過している。その間にわかったこともあるし、大河ドラマも次々とつくられている。それでこの際全面的にチェックして補訂することとし、新しい項目なども付け加えた。そのため、担当の西村健さんには、ずいぶんお手数をかけさせてしまった。

もともと、こうした本を書くことを思いついたのは、大河ドラマの視聴者のなかには、単に娯楽作品として見ているだけではなく、歴史のお勉強のために見ている方が多いらしいということに気がついたからである。つまり〈面白くてタメになる〉ことを期待されているのだが、そうだとしたら問題が多すぎる。ほんとうにタメになるようなものにしたいということで、あれこれ論じさせてもらったのである。今回の補訂も、もちろんそうした線に即してやっている。

それはよいのだが、最近どうも肝心の大河ドラマ自体があまり振るわないらしい。NHKそのものに対する風当たりも強くなっているようだ。このままでは〈面白くてタメになる〉どころか〈つまらなくてダメになる〉ということになるのではないかとさえ危惧される。関係者の奮起をお祈りする次第である。

令和元年八月

著者

著者紹介
鈴木眞哉（すずき　まさや）
1936年横浜市生まれ。中央大学法学部法律学科卒業後、防衛庁、神奈川県庁などに勤務。在職中から「歴史常識」を問いなおす在野の研究者として、学界の通説に一石を投じつづける。
おもな著書に『戦国武将・人気のウラ事情』『戦国武将のゴシップ記事』『その時、歴史は動かなかった⁉』『戦国時代の計略大全』（以上、ＰＨＰ新書）、『鉄砲と日本人』（ちくま学芸文庫）、『「戦闘報告書」が語る日本中世の戦場』（洋泉社）、『天下人史観を疑う』『戦国軍事史への挑戦』『戦国「常識・非常識」大論争！』『ＮＨＫ歴史番組を斬る！』（以上、洋泉社・歴史新書ｙ）、『刀と首取り』『戦国15大合戦の真相』『〈負け組〉の戦国史』『戦国史の怪しい人たち』（以上、平凡社新書）、共著に『新版 偽書「武功夜話」の研究』『新版 信長は謀略で殺されたのか』（以上、洋泉社・歴史新書ｙ）などがある。

写真協力――槇野 修

この作品は、2007年２月にＰＨＰ新書として刊行された『戦国時代の大誤解』を加筆・修正したものです。

ＰＨＰ文庫　戦国時代の大誤解

2019年10月14日　第１版第１刷

著　者　鈴　木　眞　哉
発行者　後　藤　淳　一
発行所　株式会社ＰＨＰ研究所
東京本部　〒135-8137　江東区豊洲5-6-52
第四制作部文庫課　☎03-3520-9617(編集)
普及部　☎03-3520-9630(販売)
京都本部　〒601-8411　京都市南区西九条北ノ内町11

PHP INTERFACE　https://www.php.co.jp/

編集協力
組　版　株式会社PHPエディターズ・グループ

印刷所
製本所　図書印刷株式会社

 ISBN978-4-569-76964-6